Folklore, Fado, Ballmusik

Annegret Heinold

Portugal total

Geschichten von Cavacas, Klamotten
und Zimmermädchen Rita

Verlag Vitolibro

Die Autorin

Annegret Heinold studierte Germanistik, Pädagogik und Naturwissenschaften, hat in den Alpen Betten gemacht, ist Damen- und Herrenschneiderin, arbeitete im Brotmuseum, im Kulturzentrum und im Theater. Seit über dreißig Jahren wohnt sie in Portugal und baute in den achtziger Jahren das Seminarzentrum und Gästehaus Moinho Velho in Südportugal auf; seit 2005 arbeitet sie als Autorin und Reiseleiterin in Nordportugal.

Cover: Thomas Büttner Mediengestaltung Malente

Druck: ScandinavianBook
Innengestaltung (nach Verlagskonzept): Julia Holstein, Plön
ISBN 978-3-86940-031-0

Verlagsprogramm: www.vitolibro.de

... der Verlag mit dem Flieger

Vorwort

Was ist Portugal? Na, auf jeden Fall mehr als Fado, Fußball und Strand. Übrigens auch ein weltweites Top-Ziel für Golfspieler. Auch mehr als die leckeren Pastéis de Nata, die tollen Puddingtörtchen. Oder die Saudade, das Gefühl der melancholischen Sehnsucht, die nicht nur Portugiesen ein Begriff ist. Und mir besonders wichtig: kollektive Eigenschaften wie das Desenrascar, die Kunst des perfekten Improvisierens, des Genießens, und das entspannte Tempo, bei dem immer Zeit für ein gutes Mittagessen und einen Espresso bleibt.

Portugal total? Aber nein. Dies ist kein Lexikon und kein Reiseführer. Aber doch: Hier geht es um Beobachtungen im Alltag abseits des Touristentrubels.

Ich erinnere mich an meinen ersten Urlaub hier. Eigentlich war es gar kein Urlaub. Wir hatten in der Theorie beschlossen, nach Portugal auszuwandern. Nun testeten wir die Praxis. Konnte dies unser neues Zuhause werden? Auf einem Zeltplatz lief uns ein Hund zu, ein beige-scheckiger Mischling. Für die paar Tage nannte ich ihn Morango-Tango. Nach meiner damaligen Lieblings-Eissorte - auf Deutsch Erdbeer-Tango. Ein Name, der wenig Sinn macht, aber auf der Zunge zergeht wie die portugiesische Sprache. Es gab auch eine weiße Vanille-Variante. Sie hieß Epá. Dafür gibt es keine wirkliche Übersetzung. Es bedeutet in etwa: Echt jetzt?

Jetzt lebe ich fast vierzig Jahre in diesem betörenden Land. Damals, zu Beginn der 80er, war die Nelkenrevolution erst wenige Jahre her, die Aufrufe der PCP leuchteten noch rot an den Hauswänden. Heute ist Portugal ein modernes Land, in dem man seine Arzt-Rezepte aufs Handy geschickt bekommt.

Ich liebe die Sprache und meine neue Heimat immer noch, auch wenn das Leben manchmal eine Mischung aus Epá und Morango-Tango ist. Aber das ist wohl überall so, nicht nur in Portugal.

Manchmal ist das Leben ein Tanz, manchmal schmeckt es nach Erdbeer-Eis, und ziemlich oft fragt man sich: „echt jetzt?“

Inhaltsverzeichnis

Cavacas & Promessas

Am 10. Januar ist es wieder so weit: Hunderte von Leuten versammeln sich in Aveiro vor der Kapelle S. Gonçalinho und spannen ihre Regenschirme auf um Kuchen aufzufangen, die sogenannten Cavacas.

Ich beginne meine Kolumne mit einem Geständnis. Ja, ich gebe es zu: Ich versuche dieses Jahr, einen Heiligen mit Kuchen zu bestechen. Wie das geht? Ganz einfach. Ich habe S. Gonçalinho Kuchen versprochen, wenn er meine Wünsche erfüllt. Das ist meine Promessa, mein Versprechen. Pro Wunsch 25 kg trockene Kuchen mit Zuckerguss, die Cavacas. Und dass, obwohl ich nicht mal dran glaube. Aber auf der anderen Seite – was soll´s, schaden kann es nicht. Schließlich habe ich nichts zu verlieren.

Werden die beiden Wünsche (ja, auch das gebe ich jetzt und hier zu – es sind gleich zwei) nicht erfüllt, muss ich nichts zahlen. Werden sie erfüllt, zahle ich. Gerne sogar. Ich meine, dafür, dass sie erfüllt werden, gerne.

Was meine Wünsche sind? Na ja, das werde ich hier jetzt natürlich nicht verraten.

Wer S. Gonçalinho ist? S. Gonçalinho ist ein Heiliger. Ein Heiliger, der Wunder bewirkt. Ein Heiliger, der sich mit Kuchen bestechen lässt.

S. Gonçalinho hat seine eigene Kapelle in Aveiro, mitten in der Altstadt. Es ist eine kleine Kapelle, sechseckig, eine Kuppel als Dach, und um die Kuppel ein schmaler Gang. Von hier oben werfen die Gläubigen (und wie man sieht auch die Ungläubigen), deren Wünsche erfüllt worden sind, Kuchen in die Menge.

Und zwar am 10. Januar eines jeden Jahres. Das Fest dauert immer ein paar Tage, je nachdem, auf welchen Tag der zehnte Januar fällt. Ein genaues Datum gibt es nicht, dafür gilt die auf den ersten Blick kompliziert lautende Regel: Es ist um den zehnten herum, dem Todestag von S. Gonçalinho, und es muss ein Sonntag mit dabei sein.

Das ganze Jahr kümmert sich eine Abordnung um die Ausrichtung des Festes. Am Ende des Festes wird ein Strauß Kunstblumen an die Abordnung übergeben, die das Fest im nächsten Jahr ausrichten wird.

Aber nun zu den Kuchen.

Es handelt sich hierbei um die sogenannten „Cavacas", das sind trockene Kuchen aus Eiweiß und Mehl, die mit einer Zuckerglasur überzogen sind. Die Kuchen haben die Form von Schälchen und sind so hart, dass sie eigentlich nicht essbar sind, jedenfalls nicht so. Und trotzdem kommen Jahr für Jahr Hunderte von Leuten, um diese Kuchen aufzufangen. Für das Auffangen der Kuchen hat sich ein umgedrehter Regenschirm bewährt, so dass die meisten mit ihren Regenschirmen die Cavacas fangen.

Das muss man sich mal vorstellen: Hunderte von Leuten, die vor einer Kapelle stehen, die Augen nach oben gerichtet, um mit ihren Regenschirmen Kuchen aufzufangen!

Will man den Kuchen essen, stippt man ihn am besten in Tee oder Kaffee um ihn aufzuweichen. Die Tochter einer Freundin macht Nachspeisen daraus, sie zerstößt die Cavacas und macht mit Hilfe von Sahne, Schokolade und anderen Zutaten köstliche Desserts. Man kann die Cavacas auch mit Portwein füllen und so einweichen. Das ist doch eigentlich eine sehr schöne Variante, finde ich. Der Portwein zieht in die Cavacas ein, und dann schmeckt das Gebäck durch und durch nach köstlichem Portwein. Ja, doch – das klingt gut.

Ich wohne seit Anfang der achtziger Jahre in Portugal und mich fasziniert, wie hier Altes und Modernes nebeneinander existieren. Das Neue wird aufgenommen und genutzt, man denke an Handys, Internet oder Bankautomaten, und das Alte beibehalten, wie zum Beispiel der Gang zum „Knocheneinrenker" bei verstauchten Gelenken und der Besuch bei einer alten Frau in den Bergen für Hilfe gegen den bösen Blick. Oder eben die Bezahlung eines erfüllten Wunsches mit Kuchen.

Und es sind nicht nur die alten Leute, die auf dem Land oder irgendwo im Hinterland wohnen, die diese Art von Tradition leben. Meine Freundinnen in Aveiro und Lissabon – moderne aufgeschlossene Frauen, die studiert und viel von der Welt gesehen haben – haben beide schon S. Gonçalinho mit Kuchen bestochen. Die eine glaubt daran, die andere nicht. Gewirkt hat es bei beiden. Vielleicht hat mich das in einer leichtsinnigen Minute dazu gebracht, es auch mit dieser Kuchenbestechung zu versuchen.

Und jetzt kann ich aus der Nummer natürlich nicht mehr raus. Einfach ignorieren? Geht nicht. S. Gonçalinho ist sehr rachsüchtig, heißt es. Es geht die Legende, dass ein Arbeiter bei der Deckenrestaurierung dem Heiligen eine Kippe in den Mund gesteckt hat, mit den Worten: Du rauchst doch, oder? Und kurz darauf stürzte der Arbeiter und verletzte sich. Ja, mit S. Gonçalinho ist nicht zu spaßen. Das musste auch der Pfarrer erfahren, der in einer Predigt an den Wundern des Heiligen zu zweifeln wagte – in dem Moment, wo er es aussprach, rieselte Kalk von der Decke der Kapelle auf eben diesen Priester.

So richtig wird man wohl nie wissen, ob was dran ist oder nicht.

Aber ehrlich gesagt, ich finde, das macht überhaupt nichts. So eine Jahrhunderte alte Tradition ist einfach schön. Es ist ein toller Anlass für ein Fest. Alle haben gute Laune. Ganz Aveiro freut sich das ganze Jahr darauf. Die Bäcker haben gute Aufträge, denn einer muss die Kuchen ja herstellen. Und wir reden hier nicht von ein paar Kilo Kuchen, sondern von Tonnen. Wie viel Kuchen es insgesamt ist, weiß wohl keiner so ganz genau. Aber mindestens zehn Tonnen sind es auf jeden Fall!

Zehn Tonnen Kuchen. Das sind ganz schön viele erfüllte Wünsche und Wunder. Und ehrlich gesagt – Wunder kann man doch eigentlich immer brauchen. Auch und vielleicht sogar ganz besonders in der heutigen Zeit, finde ich.

Igreja de Santo Ildefonso, Porto

Der Zahnarzt und der Chihuahua

Ich sage es mal so: Die sogenannte gute alte Zeit war nichts für Weicheier, Warmduscher und zimperliche Nancys. Ich bin übrigens davon überzeugt, dass die Kinder von heute in den fünfziger Jahren keine drei Tage überleben würden. Und wenn es die Zahnarztpraxis in Grândola von damals heute noch gebe, dann bestimmt nicht mehr lange, denn die ASAE würde sie schließen. Und zwar auf der Stelle. Schon wegen des Chihuahuas.

So ein neues Jahr fordert einen Rückblick ja geradezu heraus. Wieder ein Jahr vorbei und ab damit in der Kategorie Gute Alte Zeit. Denn mit der Zeit ist es wie mit Portwein. Je älter, desto besser. Je länger die Erinnerungen gelagert werden, desto schöner werden sie. Und aus einem Zahnarztbesuch in einer Nicht-Praxis in Grândola mit langsamem Bohrer und kläffendem Chihuahua wird ein klassischer Portwein Vintage 1985.

Mein Zahnarztbesuch begann damit, dass ich überhaupt erst mal einen Zahnarzt finden musste.

Ich ging also in das Papiergeschäft, in die Drogaria und auf die Post und fragte nach einem Zahnarzt. Bis irgendwo irgendwann irgendjemand wusste, wann und wo der Zahnarzt praktizierte. Und zwar: jeden dritten Donnerstag in dem roten Gebäude mit der grünen Tür, in der Nähe der Câmara, dem Rathaus.

Nächster Schritt. Den dritten Donnerstag abwarten, zum bezeichneten Gebäude gehen, im Gang sitzen und warten. Termin per Telefon? 1985? Quem quer, vem. Quem não quer, telefona. Wer was will, der kommt. Wer nichts will, der telefoniert. Das war damals die Einstellung.

Nächster Schritt. Paciência. Geduld. Eine Eigenschaft, ohne die man oder frau im Alentejo oder überhaupt in Portugal in den achtziger Jahren gleich einpacken konnte. Eine der wichtigsten Eigenschaften überhaupt. Die größte Herausforderung, die das Universum uns allen schenkte um Paciência zu lernen, war übrigens die Postfrau von Grândola. Die hatte es wirklich drauf, noch das letzte aus uns herauszukitzeln. Und wenn es eine Weltmeisterschaft im umständlich Briefmarken verkaufen geben würde, sie hätte den ersten Platz verdient.

Also Wartezeit im Korredor nutzen und Paciência üben.

Nicht an Hamburg und die Zahnarztpraxis am Klosterstern denken.

Weiter warten.

Sich klarmachen, dass es in Portugal trotzdem schöner ist als in Deutschland. Schon das Klima! Viel besser als in Deutschland.

Und dann ist es endlich soweit. Eine Frau im Kostümchen mit einem Chihuahua auf dem Arm bittet mich in die „Praxis". Ein Raum wie ein Wohnzimmer, leer bis auf einen Schreibtisch und den Zahnarztstuhl.

Der Zahnarzt unterhält sich mit der Assistentin, während er den fußbetriebenen Bohrer betätigt. Ich finde, er sieht öfter zu der Assistentin im Kostümchen als in meinen Mund. (Das kann ich sogar verstehen. Aber es ist trotzdem nicht gut.) Die Assistentin spielt mit dem Chihuahua, der ihr über das Gesicht und die Hände leckt. Die Assistentin reicht dem Zahnarzt die Geräte. Ich versuche weder an die Praxis am Klosterstern noch an die Spucke des Chihuahuas zu denken.

Denn ich weiß, was die Alternative zu dieser Zahnarztpraxis ist. Nämlich das, was die meisten hier auf dem Land machen, aus finanziellen Gründen, weil man die Behandlung beim Zahnarzt selber zahlen muss. Sie lassen sich alle Zähne ziehen und ein künstliches Gebiss machen.

Die künstlichen Gebisse werden von Henrique hergestellt. Er hat mir mal seine Werkstatt gezeigt, eine dunkle Kammer, in der die ganzen Einzelteile liegen, aus denen er die Gebisse bastelt. Die rosaroten Plastikgaumen. Die Kästen mit den Zähnen in verschiedenen Farben und Formen. Ich sah auf seine Hände und dachte: Diese Hände haben jemanden umgebracht, denn Henrique hatte vor Jahren im Streit in Grândola einen Mann erschossen. Jetzt hatte er seine Strafe abgesessen.

Warum ich mit in seine Werkstatt gegangen bin? Er war ein Freund von Bekannten. Irgendwie konnte ich das schlecht ablehnen. (Das wird mir erst jetzt klar: Ich gehe lieber mit einem Ex-Mörder in eine dunkle Kammer als Nein zu sagen. Mmhh. Nicht gut, eigentlich.)

Also weiß ich, was mir blüht, wenn ich hier vom Zahnarztstuhl aufstehe und gehe. Dann müssen meine Zähne irgendwann alle gezogen werden und Henrique wird mir ein rosarotes Plastikgebiss basteln.

Ja, die gute alte Zeit war keine Zeit für Warmduscher, Weicheier und zimperliche Nancys.

Im Portwein Vintage Jahr 1989 wechselte ich zu Dra Silvia. Dra Silvia liebte politische Diskussionen und behandelte meine entzündete Zahnwurzel vom geteilten Deutschland über Honeckers Rücktritt bis zur Maueröffnung. Und als die Mauer offen war, war mein Zahn zu. Das steht natürlich in keinem kausalen Zusammenhang. Es war einfach ein unbedeutender zeitlicher Zufall.

Im Portwein Vintage Jahr 1997 saß ich bei Dr Marcelo auf dem Zahnarztstuhl und lernte durch seine Erzählungen aus Brasilien als Sekundär-Gewinn Brasilianisch, während er däntschi sätschi (= dente sete = Zahn sieben) behandelte. Und dass ich heute in der Lage bin, einer brasilianischen Telenovela zu folgen, habe ich zu großen Teilen ihm zu verdanken. Das sieht man mal wieder, dass doch alles für was gut ist.

Jetzt bin ich bei Dr Pedro. Nagelneue Praxis in neuem Gebäude. Technik vom Feinsten. Hi-Tec Bohrer. Jedes Röntgenbild sofort abrufbar. Und die Entwicklung meiner Zahnbehandlung wird mit einer Digitalkamera dokumentiert. Kein Chihuahua. Und die Zahnarzthelferin trägt einen weißen Kittel.

Ja, ein Vintage Port ist schon etwas Feines – aber beim Zahnarzt ziehe ich die neue Zeit vor. Ich bin eben doch eine zimperliche Nancy.

Das Netz der Marias

Ganz Portugal ist überzogen mit einem Informationsnetz, das seinesgleichen sucht. Mit dem Netz der Marias. Sie wissen Bescheid. Sie haben den Überblick und sie sorgen für einen regelmäßigen Informationsfluss. Früher an den Waschstellen, heute im Café.

Und das ganz ohne Lohn. (Jedenfalls bekommen sie dafür nicht den Lohn dieser Welt, vielleicht hat das Universum ja einen Ausgleich, aber hier auf Erden machen sie es umsonst, einfach nur aus Passion, so wie man ja eigentlich alles aus Passion machen sollte, und aller anderer Lohn sollte obendrauf sein; der muss natürlich auch sein, weil man ja schließlich von was leben muss, nicht wahr.)

Also die Marias. Welche Maria es zuerst wusste, weiß man meistens nie. So was lässt sich schlecht zurückzuverfolgen. Maria das Neves erzählt es Maria Sofrina, die es ein wenig später Maria Jesus oder Maria José, kurz Mizé genannt, erzählt. Und schon wissen alle, was letzte Nacht vorgefallen ist: Licínias Mann hat wieder mal im „Retiro“ gesoffen. Nur ist dieses Mal was schiefgelaufen, er konnte die Zeche nicht zahlen. Da hat er Wirt ihm seine letzten Euros abgenommen, das Handy und die Schlüssel, und ihn dann nackt auf die Straße gesetzt.

„In der Kälte!“, sagt Maria Sofrina.

„So wie Gott ihn schuf“, sagt Mizé, was so nicht ganz stimmt, denn erstens hat Gott ihn klein geschaffen, und dann erst ist António zu einem Mann herangewachsen, und für den Bierbauch kann Gott nichts, den hat António ganz alleine zu verantworten. Und vielleicht noch der Wirt vom „Retiro“, der ihm das Bier verkauft, auch wenn er weiß, dass António sich das eigentlich nicht leisten kann. Aber – der Kunde ist König!

Es sei denn, er will Kredit. Da ist der Wirt stur. Zeigt auf die Kachel an der Wand:

Freguês educado não cospe no chão
Não pede fiado
E não diz palavrão

Ein guter Kunde spuckt nicht auf den Boden, bittet nicht um Kredit und flucht nicht. Beim ersten und letzten Punkt drückt der Wirt manchmal ein Auge zu, denn je später der Abend ... aber bei Punkt zwei bleibt er hart.

Fiado só amanhã, Kredit gibt es morgen, sagt er, sollte jemand unbelehrbar nachfragen.

Und so hat António weder ein Handy, um ein Taxi zu rufen, noch Geld, um es zu bezahlen, mal ganz abgesehen davon, dass es nachts auf dem Land auch kein Taxi gibt, wenn man ein Handy und Geld dafür hat. Er läuft durch die kalte Vollmondnacht nach Hause und klopft an seine Tür.

Licinia sieht durch das Fenster. Da steht ihr António. Nackt, ein Häufchen Elend, nicht besonders männlich (alleine schon wegen der Kälte), und als Rache für seine Affäre mit Luísa, der Mutter von Eusébio, und für seine Nächte im „Retiro“ lässt sie die Tür verschlossen und stellt noch einen Stuhl von innen davor. Sicher ist sicher.

Und seitdem, berichtet Maria Jesus, ist die Affäre mit Luísa beendet. Und die Abende im „Retiro“ sind vorbei.

„Da ist ja ein neues Schild“, sagt Mizé und zeigt auf das blaue Schild mit den weißen Piktogrammen an der Wand des Cafés.

„Frauen haben hier jetzt Priorität“, sagt Maria Jesus.

„Quatsch“, mischt sich ein Mann ein, „Priorität haben Ältere, Schwangere und Frauen mit Kleinkind.“

„Unsinn“, sagt Maria Jesus, „das ist eine Frau mit einem Knoten, das sieht man doch ganz deutlich – da, der Punkt neben ihrem Kopf – ein Knoten!“

„Frauen“, sagt Maria Sofrina, „haben hier jetzt nämlich Priorität.“

Die internationalen Spione trafen sich im 2. Weltkrieg in Lissabon im Hotel Mundial, im Avenida Palace und im Café Nicola. Die Marias treffen sich landesweit im Café Central.

Hausfassade in Lissabon

Von Maßbändern, Basilikum und portugiesischen Männern

"Deutsche Männer sind nett", sagt die Frau neben mir am Wühltisch im Stoffgeschäft. „Aber Sie wechseln immer die Frauen."

Auf den Tischen liegen Stoffreste in Wühlhaufen. Um etwas Gutes zu finden, muss man in die Masse greifen, fühlen, hochhalten. Das ist ein Teil des Rituals beim Stoffe kaufen. Männer, die nicht in der Modebranche arbeiten, werden das wohl nie verstehen.

„Was suchst du denn genau", fragt Sam. Um den Prozess zu beschleunigen. Damit ich meinen Stoff schnell finde. Damit wir das endlich erledigt haben. Aber darum geht es gar nicht. Es geht um den Kauf an sich. Deswegen geht frau am besten ohne einen Mann an der Seite in ein Stoffgeschäft.

Und deswegen kann ich hier und heute bei meinem Solo-Stadt-Stoffeinkauf in aller Ruhe Stoffe aus dem Stapel ziehen. Bunt bedruckte Seide. Burgunderroten Double Face. Weiße Spitze. Kann in Ruhe prüfen. Dieser hier zum Beispiel – dieser blau-melierte Wollstoff – der könnte eine hübsche Jacke ergeben. Ich ziehe mein Maßband aus der Tasche und messe.

Die Frau neben mir, Typ gut gekleidete ältere Portugiesin, zieht einen roten Bouclé aus dem Wühlstapel und hält ihn hoch. „Der sieht gut aus", sagt sie. „Würden Sie mir den vielleicht mal ausmessen?"

Da sieht man mal wieder: So ein Maßband in der Tasche kommt immer gut, man kommt sofort ins Gespräch. Mit diesem Maßband in meiner Tasche habe ich schon viele beeindruckt. (Dabei war das nie meine Absicht. Wird mir erst jetzt klar, dass das so war. Ein bisher ungewürdigter Secondary Gain des Vermessens.) Den Mann an meiner Seite in der Baustoffhandlung beim Ausmessen der Rohre, zum Beispiel. Oder den Verwalter des Schrottplatzes beim Reifenkauf. Und jetzt die ältere Lady hier im Stoffgeschäft.

Besser ist eigentlich nur ein Topf frisches Basilikum.

Wie jetzt – Sie waren noch nie mit einem Topf Basilikum im

Arm einkaufen? Ich kann es nur empfehlen! Basilikum riecht so gut! Da denkt jeder gleich an Essen. An Nudeln und Soßen und Salate. An gemeinsames Kochen und Urlaub und überhaupt. Und schon hat er oder sie gute Laune und fängt ein Gespräch an. Der einzige Nachteil: Es ist etwas umständlich, ständig einen Topf Basilikum bei sich zu haben. Ein Maßband dagegen passt in die kleinste Handtasche.

„Schade, das reicht nicht für eine Jacke“, sagt die Frau und legt den roten Bouclé zurück. Und schon reden wir miteinander. Wo ich herkomme? Ob ich Brasilianerin bin?

Nein, bin ich nicht, ich bin Deutsche.

Und dann sagt sie diesen Satz: Die deutschen Männer sind sehr nett, aber sie wechseln immer ihre Frauen.

Äh – was soll ich dazu sagen. Ob das stimmt? Ist es ihre Erfahrung? Die einer Freundin? Leider traue ich mich nicht zu fragen, das bereue ich jetzt. Ach ja – die Männer...

Auf einer Lesung in Deutschland lässt sich eine Deutsche mein Buch signieren und fragt dazu: „Wie sind sie denn so, die portugiesischen Männer?“

Was soll ich dazu sagen, da jetzt in einem Satz so ganz im Allgemeinen. Sie sagt, sie hat einen Portugiesen kennengelernt, aber sie kann es überhaupt nicht einschätzen. Aber womöglich liegt das mehr an diesem Mann-Frau-Ding als an dem Portugal-Deutschland-Ding.

Deutsche Männer helfen mehr im Haushalt, findet die Nachbarin.

Portugiesische Männer sind so zärtlich, findet eine deutsche Freundin hier in Portugal.

Portugiesische Männer fahren wir der Teufel, finde ich, nachdem ich grün-gelb aus Fernandos Auto steige, nachdem wir mit 200 auf der Autobahn langgerast sind. (Dazu sage ich hier nichts weiter.)

Und was ist eigentlich mit den Frauen? Was unterscheidet Deutsche und Portugiesinnen? Ehrliche Antwort: keine Ahnung. Catarina, Elsa, Lena und ich giggeln über die gleichen Sachen. Ganz besonders dann, wenn es die Männer betrifft.

Und weil es so ein schönes Thema ist, dieses ewige Rätsel Mann und Frau im Tango des Lebens, der Stoff aus dem Romane und Filme sind, und das hier sogar noch in der Variante für Fortgeschrittene mit der Erschwerung durch zwei Kulturen, also deswegen hier jetzt meine Erfahrung aus vielen Jahren Portugal & Gästehaus.

Also der Hauptunterschied ist ...

... Portugiesische Paare bevorzugen ein Doppelbett. Und zwar ohne Ritze. Deutsche Paare bevorzugen getrennte Betten, ja manchmal sogar getrennte Zimmer. Meistens mit dem Argument der Frau, der Mann schnarche. Das bedeutet: Entweder portugiesische Männer schnarchen weniger oder portugiesische Frauen ertragen das Schnarchen ihrer Männer geduldiger. (Und was es sonst noch bedeuten könnte, das kann sich jetzt jeder selber zusammenreimen.)

„Sind die portugiesischen Männer treu?", fragt die Deutsche auf der Lesung weiter.

Tja – vielleicht genauso (un)treu wie sonst alle Frauen und alle Männer auf der Welt auch, oder?

Ich frage meine Freundin Catarina, wie die portugiesischen Männer sind. Sind sie anders oder besonders? Catarina sagt: „Não faço a mínima idea."

Ich erzähle meiner Freundin Lily, was die Frau im Stoffgeschäft über die deutschen Männer gesagt hat.

„Ist doch ganz einfach", sagt Lily. „Die portugiesischen Männer betrügen ihre Frauen und bleiben bei ihnen. Die deutschen Männer verlassen ihre Frauen für die neue."

Womöglich hat sie damit den Nagel auf den Kopf getroffen und das kulturelle Rätsel gelöst.

Es gibt eben Dinge im Leben, die einfach sind. Ein Maßband in der Handtasche z.B. ist sinnvoll und nützlich. Ein Topf Basilikum beim Einkaufen sorgt bei allen für gute Laune. Aber was die Männer aus P und D betrifft, da schließe ich mich ganz dem Kommentar meiner Freundin Catarina an.

Trinkgeld

Die Tür ging auf und der Gast aus Zimmer drei erschien. Ich hatte ihn gerade eingecheckt. Das bedeutete: Ausweis verlangt, Daten aufgeschrieben und Geld kassiert. Irgendwie kam mir der Name bekannt vor, ich war mir sicher, dass ich ihn schon mal gehört hatte, aber ich konnte ihn einfach nicht einordnen. Ich hatte ihm die Zimmertür gezeigt und erklärt, dass man am Ring ziehen musste um die Tür zu öffnen, weil die blöden Schlösser nie richtig funktionierten. Dann war der Mann zum Parkplatz gegangen um sein Gepäck zu holen und ich hatte mich wieder zu David ins Kaminzimmer gesetzt. Manchmal gehen Ulla und Gerda nämlich abends aus und dann habe ich Dienst. Was nicht so schlecht ist, weil ich dann andere Tage frei kriege.

"In meinem Bett liegt eine Frau", sagte der Mann.

"Schön für Sie", sagte David.

"Nein", sagte der Mann. "Das kann ich eigentlich nicht sagen."

"Schwul?", fragte David.

"Nein, ich bin nicht schwul", sagte der Mann. "Aber es ist nicht meine Frau."

"Umso besser", sagte David. Indien hin, Indien her – manchmal ist jeder Mann ein Macho. Selbst David.

"Ich habe ein Einzelzimmer bezahlt, also will ich ein Einzelzimmer haben", sagte der Mann.

Da ging die Tür auf und eine Frau erschien. Im Schlafanzug mit lila Trenchcoat drüber.

"Ein Mann ist in mein Zimmer eingedrungen", sagte sie. Dann sah sie den Mann aus Zimmer drei. "Das ist der Mann", sagte sie.

"Es ist mein Zimmer", sagte der Mann. "Ich habe es bezahlt."

"Ich auch", sagte die Frau.

Und mir wurde klar, hier war ein Fehler passiert. Oder um ganz genau zu sein: mein Fehler, denn ich hatte ja Dienst. Wäre jetzt nicht so schlimm, normalerweise, wenn wir ein anderes Zimmer frei hätten. Hatten wir aber nicht. Wieso mir der Fehler passiert war? Tja, das konnte schon mal passieren. Ich meine, jeder macht mal einen Fehler, das ist nur menschlich, nicht wahr. Und jetzt? Jetzt würden wir den Mann eben einfach wegschicken.

"Tut mir leid", sagte ich zu dem Mann. "Da ist uns leider ein Fehler unterlaufen. Das Zimmer war in der Tat schon vergeben. Und wir haben nichts anderes frei, da werden Sie sich wohl was anderes suchen müssen."

"Ich habe schon bezahlt", sagte der Mann.

"Das Geld kriegen Sie selbstverständlich zurück", sagte ich.

"Ich bin mit dem Rad unterwegs, ich bin fast dreihundert Kilometer geradelt, es ist spät und es ist dunkel und ich denke nicht dran, jetzt noch irgendwohin zu fahren", sagte der Mann. "Sie haben es verbaselt – Sie finden eine Lösung."

Die Frau hatte den Mann die ganze Zeit betrachtet. Interessiert. Und mir wurde plötzlich klar, was sie sah. Einen attraktiven Mann. Um die Mitte dreißig. Alleine. Sportlich noch dazu. Praktisch so gut wie in ihrem Bett. Wo findet eine Frau heute so was noch? Die Frau schaltete.

"Ähmm", sagte sie. "Wissen Sie was, was stellen wir uns so an, wir sind schließlich erwachsen, warum teilen wir uns das Bett nicht einfach."

"Aber …", sagte der Mann. "Aber, wir kennen uns doch gar nicht."

"Sie sehen nett aus", sagte die Frau. "Und sie haben so schöne braune Augen. Ich vertraue Ihnen."

Der Mann sah noch ein bisschen unschlüssig von einem zum anderen. Aber dann ging er doch mit der Frau mit.

"Siehst du", sagte ich zu David. "Manchmal lösen sich die Probleme von ganz alleine."

Da stand die Frau wieder in der Tür.

"Ähmm", sagte sie. "Ich bin jetzt natürlich nicht vorbereitet, ich hatte ja ein Einzelzimmer gebucht. Und da stellt sich jetzt die Frage, ob Sie, ich meine, ob das Gästehaus, für solche Fälle, Notfälle gewissermaßen, Sie wissen schon …"

Nein, ich wusste überhaupt nicht. Aber David hatte verstanden, worum es ging. Er zog sein Portemonnaie aus der Hosentasche, machte es auf, nahm einen Präser raus und gab ihn der Frau.

"Nur einen?", fragte die Frau.

"Ist alles, was ich habe", sagte David. Wofür hatte er eigentlich diese Dinger? Er war doch immer hier? Ich hatte ihn noch nie mit einer Freundin gesehen. Freund auch nicht.

"Und was ist mit Ihnen?", sagte die Frau.

"Das ist hier mein Arbeitsplatz", sagte ich. "Da bringe ich keine – na, Sie wissen schon – mit."

"Einen finde ich jetzt ein bisschen wenig", sagte die Frau. "Können Sie da nicht noch was besorgen? Ich meine, es ist schließlich alles Ihre Schuld."

"Sie könnten zur Nachtapotheke fahren", sagte ich. "Im Dorf."

"Nein, das will ich nicht riskieren", sagte die Frau. "Ich bleibe hier besser am Ball. Womöglich überlegt er es sich anders. Sie fahren zur Nachtapotheke."

"Meine Vespa ist mal wieder kaputt", sagte ich.

Jetzt sah die Frau David an.

"Und ich habe kein Auto", sagte David.

Die Frau griff in die Tasche von ihrem Trench, nahm einen Autoschlüssel raus und drückte ihn David in die Hand.

Ich sah David an. David sah mich an. Wir zuckten mit den Schultern. Warum eigentlich nicht? Wir fuhren ins Dorf. Die Apotheke im Dorf war nachts nicht besetzt, aber in Notfällen konnte man schon mal die Apothekenhelferin rausklingeln, sie wohnte nämlich direkt über der Apotheke. Ich klingelte und Carmelia kam runter.

"Was ist los?", fragte sie.

"Ich brauche Präser", sagte ich.

"Präser sind eigentlich kein Notfall", sagte Carmelia. Dann sah sie David im Auto sitzen.

"He", sagte sie. "Ich wusste gar nicht, dass du und David …"

"Nein", ich schüttelte den Kopf und erst jetzt wurde mir klar, wie das aussehen musste. Oh Mist. “Die sind nicht für uns.”

Klar, Carmelia lachte herzlich, sagte ’natürlich nicht’ und drückte mir ein großes Päckchen in die Hand. Oh Mann, jetzt dachte sie doch wirklich, dass David und ich. Mist. Und das war so ein kleines Dorf hier. Unterlagen Apotheker eigentlich der Schweigepflicht? Vermutlich ja. Konnte man sich in diesem Dorf hier drauf verlassen? Vermutlich nein.

Wir fuhren zum Gästehaus zurück und lieferten die Bestellung ab. Und weil wir das Auto nun mal schon hatten und die Besitzerin wohl eine Weile anderweitig beschäftigt sein würde, fuhren wir ans Meer. Wann hatten wir schon mal Gelegenheit nachts am Meer zu sein? Waren Sie schon mal nachts am Meer? Ist ganz anders als am Tag. Wirklich. Wir gingen runter zum Strand. Hoch über uns leuchtete eine Mondsichel. Und das Meer schwappte in ganz kleinen Wellen an den Strand. Die Luft roch nach Salz und Jod. Wir gingen ein bisschen am Strand lang. Dann brachte David mich nach Hause und fuhr wieder zum Gästehaus.

Ich kam am nächsten Morgen zur Arbeit und holte mir als erstes einen Kaffee. Als Start für den Tag, sozusagen.

“Tss tss tsss”, machte Maria und schüttelte ihren Kopf.

Was hatte sie bloß? Ich sah an mir runter. Alles normal, fand ich. Sommerrock und weiße Bluse. Zimmermädchenschürze drüber. Ich hatte geduscht und meine Haare waren gewaschen, gekämmt und zusammengebunden. Wie immer. Alles in Ordnung. Als nächste kam Ulla in die Küche. Sie sah mich an und schüttelte den Kopf. Was war hier los? Dann kam Gerda in die Küche.

“Rita“, sagte sie. “Kann ich Sie mal kurz im Büro sprechen?”

Irgend etwas stimmte hier nicht, aber was? Ich folgte Gerda ins Büro.

“Das Privatleben meiner Mitarbeiter geht mich zwar nichts an”, sagte sie, “aber halten Sie es für eine gute Idee, ausgerechnet mit David was anzufangen?”

Ich mit David? Das war lächerlich. David ist jünger als ich.

Zwei Jahre. Das ist in dem Alter viel, wenn Sie verstehen, was ich meine. David ist für mich gar kein Mann, sozusagen. David sieht irgendwie gut aus. Und er ist auch nett. Aber Mann? Im Sinn von potentieller Partner? Nein. Und dann wurde mir schlagartig klar – der kleine nächtliche Einkauf. Was den Dorfklatsch betraf, hätte e-Mail nicht erfunden werden müssen. Gar nicht nötig. Geradezu überflüssig. Die Verbreitung von Infos funktionierte auch so schnell. Eigentlich sogar noch schneller als per e-Mail.

"Das ist ein Gerücht", sagte ich.

"Wo Rauch ist, ist auch Feuer", sagte Gerda.

"In diesem Fall ist das Feuer woanders", sagte ich.

Aber das hätte ich natürlich nicht sagen sollen. Ich hatte ja keine Lust, Gerda zu erzählen, dass ich Zimmer drei doppelt vergeben hatte. Oh Mann. Dann vielleicht doch lieber das mit David zugeben. Zugeben war natürlich das falsche Wort. Da war ja nichts.

"Äh", sagte ich. "Äh – ich möchte lieber nicht drüber reden."

Sagten die Leute immer in amerikanischen Filmen, wenn sie nicht drüber reden wollten. Klappte immer. Im Film. Hier nicht.

"Würde mich aber doch interessieren, wo das Feuer ist", sagte Gerda.

Ich sah auf meine Füße. In weißen Sandalen. Keine Absätze. Ich war ja schließlich auf Arbeit und musste den ganzen Tag rumrennen.

"Ich höre", sagte Gerda.

"Ich möchte wirklich nicht drüber reden", sagte ich.

Und zum Glück klingelte erst das Telefon und jemand wollte buchen und dann kam Ulla und die beiden fuhren ins Dorf und weg waren sie. Aber mein Ruf, das war klar, mein Ruf war beschädigt. Und jedes Mal, wenn ich an Maria vorbeiging, machte sie dieses 'Tss tss tss'.

Und das junge Glück aus Zimmer drei? Was war eigentlich mit denen? Sie kamen fröhlich zum Frühstück. Sie bestellten eine vierfache Portion Rühreier. Dann verabschiedete sich der Mann. Kurz danach kam die Frau zu mir. Sie hielt etwas hoch – eine von diesen Plastikkugeln aus den Überraschungseiern, halb orange, halb gelb, die man findet, wenn man die Schokolade weg isst.

"Wissen Sie, was das ist?", fragte sie.

"Der Inhalt eines Überraschungseis?", sagte ich.

"Und können Sie sich vorstellen, was drin ist?", frage sie weiter.

"Ein Schlumpf?", sagte ich.

"Viele kleine Schlümpfe", sagte die Frau. "Viele kleine potentielle Schlümpfe."

"Mmhhh", sagte ich.

Manchmal ist es das Beste, die Gäste einfach reden lassen. Ich wusste ja auch gar nicht, worauf die Frau hinauswollte.

"Manchmal", sagte die Frau, "sehe ich tagsüber fern. Ich gebe das eigentlich nur ungern zu. Aber manchmal, wenn die Kinder in der Schule sind und mein Mann bei der Arbeit, und mir das ganze Hausfrauendasein auf den Keks geht, gieße ich mir einen ordentlichen Schluck Eierlikör über eine Kugel Vanilleeis und setze mich vor den Fernseher."

"Vor den Fernseher", sagte ich. Das machten die Therapeuten so, hatte ich mitgekriegt, bei den Psycho-Gruppen. Und ich wusste ja auch immer noch nicht, auf was die Frau hinauswollte.

"Und da geriet ich neulich in so eine Klatsch- und Tratschsendung. Und in dieser Sendung haben sie die Tochter von Boris Becker gezeigt. Die er mit diesem Zimmermädchen hat. Aus London. Sie haben bestimmt davon gelesen. Ist ja viel durch die Presse gegangen. Der Fratz ist Boris Becker wie aus dem Gesicht geschnitten. Ist gar keine Frage, dass sie seine Tochter ist. Und das Zimmermädchen hat einen Haufen Geld gekriegt. Und ich habe mich immer gefragt, wie hat sie das gemacht? Das mit dem Samenklau? Ich konnte mir irgendwie nicht so recht vorstellen, wie das geht."

Ich sagte nichts.

„Tja", fuhr die Frau fort und hielt die orange-gelbe Plastikkugel etwas hoch. "Es geht. Es ist in der Tat gar nicht so schwer.

Wussten Sie, dass der Mann in meinem Zimmer ein berühmter Radsportler ist? Nicht so berühmt wie Boris Becker, natürlich. Aber doch berühmt. Verdient ziemlich gut. Da ist durchaus was zu holen."

Sie machte eine kleine Pause.

Ich sagte weiterhin nichts.

Berühmter Radfahrer, deswegen war mir der Name so bekannt vorgekommen.

"Wissen Sie was", sagte die Frau. "Ich überlasse es Ihnen. Ich kann damit sowieso nichts anfangen, ich habe ja schon zwei Kinder und mein Mann ist sterilisiert und will keine mehr. Und ich auch nicht. Aber Sie – Sie könnten damit was anfangen. Und Sie sind Zimmermädchen, wie dieses Zimmermädchen in London."

Sie drückte mir die Plastikkugel in die Hand und ich war so verblüfft, dass ich sie nahm.

"Sie sollten sich vielleicht schnell entscheiden", sagte die Frau. "Ich weiß gar nicht, wie lange sich so was hält. Außerhalb. Sozusagen."

Dann griff sie in die Tasche von ihrem Trenchcoat und nahm eine Visitenkarte raus.

"Die Adresse von dem Vater", sagte sie. "Für den Fall, dass Sie sich für das Kind entscheiden." Dann verabschiedete sie sich.

Ich sah ihr nach, wie sie den Vorgang entlang ging und um die Ecke verschwand. Ich setzte mich. Auf dem Tisch stand das Päckchen angebrochene Präser. Ich sah auf die kleine Plastikkugel. Es war irgendwie gleichzeitig Iiihhh und doch auch die Chance meines Lebens. Ob so was wirklich klappen würde? Konnte schon sein, das Zimmermädchen aus London hatte es ja auch hingekriegt. Schon faszinierend – der Inhalt dieser kleinen Plastikkugel konnte mein ganzes Leben verändern. Wenn ich es denn wollte … was ich aber nicht wusste …

"Sollen wir halbe halbe machen?", sagte David und zeigte auf die Präser.

“Nein, du kannst sie alle haben”, sagte ich.

David setzte sich.

“He, du hast ein Überraschungsei”, sagte er. “Ich liebe Überraschungseier. Mach auf. Ich helfe dir beim Zusammenbasteln.”

“Nein”, sagte ich. “Auf keinen Fall.”

Das hätte mir gerade noch gefehlt. Ich ging ins blaue Bad und kippte die kleinen Schlümpfe ins Klo. Ehe ich womöglich doch noch in Versuchung kam.

Statue D. Pedro IV, Porto

Das Rätsel Portugal

Als ich ein junges Mädchen war, fand ich – irgendwo im Bücherschrank meiner Eltern oder vielleicht auch auf dem Dachboden oder im Keller in einer vergessenen Kiste – zwei Bücher. „Das Mädchen, das den Teufel fuhr“ und „Das Rätsel Manuela“. Beide hatten einen roten Einband aus Stoff, waren 1939 erschienen und beide waren wunderbar kitschig.

Was das mit Portugal zu tun hat, fragen Sie?

Ja, das ist doch offensichtlich.

Erstens das Jahr. In dem Jahr, in dem die beiden Bücher das Licht der Welt erblickten, wurde auch Anibal Cavaco Silva geboren. (Was das für Portugal bedeutet, kann jeder für sich selbst entscheiden.)

Zweitens fahren die hier in Portugal zwar nicht den, aber doch wie die Teufel. Okay – es sind nicht alle, und es ist in den letzten Jahren etwas besser geworden, das gebe ich zu. Vielleicht ist es aber auch nur gefühlt besser geworden und das auch nur für mich, weil ich in Lissabon und Porto nicht mehr Auto fahre. Und im Sommer in der Algarve schon gar nicht.

Und drittens ist Portugal oft ein Rätsel. Oder verstehen Sie hier etwa immer alles?

Diese kleinen Läden in den kleinen Gassen zum Beispiel, in denen man Pullover erstehen kann, die völlig aus der Mode sind. Läden, in denen man nie jemanden sieht – außer der Besitzerin natürlich. Wie überleben diese Läden? Kostet so ein Laden nicht Geld? Miete, Steuern, Versicherung, Strom? Ein Rätsel. Machen die es mit ihren Pullovern so wie früher die Gemüsefrau am Woldsenweg in Hamburg-Eppendorf, wo erst die alte Ware weg musste, ehe es neue gab? Das ist bei Obst und Gemüse schon kein gutes Konzept, aber bei Mode ist es völlig daneben. (Retro hin, Retro her.)

Man fragt sich auch, warum so viele Orte so schlecht beschildert sind. Ich sage nur: Thermen im Monchique. Dreimal im Café und Passanten gefragt. Dreimal an der gleichen Stelle im Kreis gefahren, bis meine Freundin Elsa sagte: Já nem as quero ver, já não me apetece. Auf Deutsch: Jetzt will ich sie gar nicht mehr sehen, jetzt habe ich keinen Bock mehr drauf.

Das war im Süden Portugals. Aber im Norden ist es auch nicht besser. Beispiel: as Pedras parideiras. Die gebärenden Steine.

Ein fast einzigartiges geologisches Phänomen, das es nur in Portugal und bei St. Petersburg gibt. Es geht bei diesem Phänomen – in laienhaften Worten kurz erklärt – um Steine, die Babys bekommen. Glänzende Biotit-Linsen dringen aus dem Granit an die Oberfläche. Ich habe es mit eigenen Augen gesehen. Allerdings musste ich wegen unzureichender Ausschilderung ein paar hundert Kilometer mehr dafür fahren. Zweimal habe ich mich auf die Suche gemacht. Das zweite Mal waren wir zu fünft. Plus GPS. Da haben wir es dann endlich gefunden.

Dort, wo die Babysteine geboren werden, ist ein kleines feines Info-Center, das einen ausgezeichneten Film über die Entstehung der Welt zeigt. Die Größe des Info-Centers ist völlig ausreichend – schließlich findet kaum jemand hin. Ist das womöglich Absicht, weil alle Besucher (wir auch) in Versuchung kommen, die Steine einzusammeln? Schließlich bewirken diese Steine angeblich Wunder! Also sagt man sich im Info-Center: Wenn keine Besucher kommen, wird auch keiner Steine sammeln. Schildert den Anfang aus, weil es etwas Besonderes ist. Und lässt am Ende des Weges die Schilder weg. Also was nun – will man Besucher oder nicht? Ein Rätsel.

Solche Beispiele gibt es von Süd bis Nord, von Ost nach West. Ein Land mit einer Beschilderung, als wäre es im Guerillakrieg.

Variante zwei der portugiesischen Guerilla-Beschilderung: ausschildern, aber nichts dahinter. Wie der Wanderweg PR 9, der uns neulich immer weiter durch Brombeeren und Brennnesseln schließlich ins Nichts geführt hat. Er fing geteert an, er wurde schmaler, er endete im Gestrüpp. Und statt der ausgeschilderten Brücke gab es einen Cais de Embarque, einen Anleger. Auf beiden Seiten des Flusses. Allerdings ohne Boot.

Manchmal treibt es einen in den Wahnsinn.

Man fragt sich: Warum?

Womit wir bei meiner Lieblingsfrage wären. Der Frage, die mir am häufigsten in meinem Leben gestellt worden ist. Der Frage, die ich am meisten hasse. Von allen Fragen dieser Welt. Etwas, dass jeder und immer wieder und immer noch von mir wissen will. Eine Frage, die Sie wahrscheinlich auch kennen, wenn Sie hier wohnen. Die Frage: „Warum bist du nach Portugal gezogen?"

Heute probiere ich es mal mit einer neuen Antwort.

Vielleicht bin ich nach Portugal gezogen, weil mir hier vieles immer ein Rätsel bleiben wird. Und Rätsel sind ja im Grunde etwas ganz Wunderbares. Sie sind auch das Erfolgs-Geheimnis von Krimi, Tatort und Co. Krimis haben Rätselplots. Und gute Rätsel liebt jeder.

Und wenn dann die zerkratzten Arme der Kinder mit Wundsalbe versorgt sind, und wir im Café beim Eis sitzen, froh, dass wir es geschafft haben, wieder am Ausgangspunkt angekommen zu sein, auch ohne Brücke;

oder wenn wir einen gegrillten Fisch unten an den Docas in Portimão essen, der Fisch fangfrisch aus dem Meer, dazu gemischter Salat und gekühlter Vinho Verde (und das alles sogar zu einem vernünftigen Preis);

oder wenn uns auf einer Wanderung durch die Berge eine fremde Frau eine große Tüte mit reifen Kirschen in die Hand drückt, obwohl sie uns noch nie gesehen hat, und nie mehr treffen wird;

dann weiß ich Antworten auf die Frage, warum ich nach Portugal gezogen bin, selbst wenn sie hier oft fahren wie das Mädchen, das den Teufel fuhr.

Das Rätsel Manuela wird am Ende des Buches gelöst. In Portugal dagegen wird wohl einiges für immer ein Rätsel bleiben. Und das ist auch gut so.

Modernices

Mit den Modernices ist es wie mit dem Cholesterin. Es gibt gute und schlechte. Beim Cholesterin heißen die schlechten LDL und die guten HDL. (Kann man sich gut merken. L wie low = tief = Wettertief. Und H wie high, also super Wetter mit Sonnenschein.)

Allerdings ohne Cholesterin ist auch keine Lösung, da könnten wir gar nicht leben. Zitat aus einem Artikel: „Es kann gar nicht genug betont werden: Cholesterin an sich ist nichts Schlechtes". Das Gleiche gilt für die Modernices. Ohne die würde Nordportugal immer noch unter Alfons dem Ersten in der Grafschaft Portucale leben und die Algarve wäre von Mauren besetzt.

Aber was sind denn diese Modernices nun eigentlich? Antwort: Modernices sind Neuigkeiten, Modernes.

Manches ist gut. Manches ist schlecht.

Es gibt Modernices, die nichts schaden. So wie zum Beispiel die neue Mode der Malbücher für Erwachsene. Gibt es von „Ausmalen" über „Portoterapia" bis „Zen-Malen".

Bei „Portoterapia" kann man das Stadtbild inklusive der mit Wäsche behängten Balkone ausmalen und lernt dabei noch etwas. Nämlich, dass Porto die Stadt ist, wo man die Unterwäsche seiner Nachbarn kennt.

Dass man in den öffentlichen Toiletten zunehmend Eintritt zahlt, ist eine Modernice, die mir weniger gefällt. Wie eine Krake breitet sich diese Unsitte aus. Von Lissabon aus infiziert es das ganze Land. Zunächst war es nur der Bahnhof, jetzt hat es schon auf die Busbahnhöfe übergegriffen.

Täglich werden es mehr Toiletten, die man nicht mehr umsonst benutzen kann. Es ist kein freiwilliger Beitrag, wo man ein paar Münzen in einem Tellerchen hinterlässt. Nein – es ist eine knallharte Schranke und wer einen großen Koffer hat, der hat Pech. Der kann ziehen und würgen und sehen, wie er sein Tralla-la-Gepäck da durchzieht, das Handgepäck drüber, den Rollkoffer schräg drunter.

Ach, was war das schön, als die Toiletten hier noch kostenfrei waren!

Ganz im Gegensatz zu Deutschland, wo es ja schon immer was kostete. Das gibt zu denken. Ist Deutschland nicht dabei, Portugal zu zeigen, wie man vernünftig wirtschaftet? Ist es mit dem Unterschlupf unter den Rettungsschirm aufgeflogen, dass hier das ganze Land umsonst pinkeln geht??

Womöglich entdeckt von einem Mitarbeiter der Troika. Er kommt in Lissabon an. Muss mal (ja, auch Politiker sind nur Menschen.) Und stellt fest, dass man mitten in Lissabon, und an der Algarve, und in Porto, also von Süden bis Norden, also im ganzen Land, einfach so umsonst kann. Na, da ist es ja kein Wunder, dass die hier finanziell nicht klarkommen. Denn wo kommen wir da hin, wenn da einfach jeder umsonst, nicht wahr.

Und jetzt haben wir den Salat. Wer heute eine Reise tut, ist gut beraten, wenn er genügend 50 Cent Münzen bei sich hat.

Also diese Modernice ist eine L-Modernice.

Aber es gibt bestimmt auch H-Modernices.

Mal überlegen. Muss doch was geben. Dass jeder zu jeder Zeit mit seinen Fingern übers Smartphone rutscht? Nein, das ist auch eher L.

Dass die Aufzüge zunehmend zu einem sprechen, um einem mitzuteilen, in welchem Stockwerk man sich befindet? Mmhh. Nö. Auch eher L. Besonders nachts, wenn man im Haus gegenüber wohnt, und der Aufzug spricht die ganze Nacht mit seinen spät nach Hause kommenden Bewohnern.

Aber es muss doch etwas geben...

Jetzt hab ich´s!

Eiscreme.

Noch vor drei Jahrzehnten war es praktisch unmöglich, hier leckeres Eis aufzutreiben. Heute gibt es gute Eisdielen an jeder Ecke. Also eindeutig eine H-Modernice. Womit wir allerdings wieder beim Cholesterin wären. Denn dafür ist das Eis jetzt nicht so gut.

Happy Frango

Plötzlich ist es ein Ritual. Und jetzt hat es sogar einen Namen: Happy Frango. Glückliches Hähnchen. Ein im Grunde in die Irre führender Name, denn die Frangos sind ja nicht happy darüber, auf dem Grill zu liegen. Obwohl, zu dem Zeitpunkt ist es ihnen egal, sie sind ja schon tot. Aber vorher ... aber lassen wir das.

Hauptsache wir sind happy. Es geht nämlich nichts über ein gebratenes Hähnchen auf dem Markt – unter freiem Himmel gegrillt, gut gewürzt, Haut kross, fast schwarz. Dazu Salat, Reis, Pommes. Offener Wein. An einem langen Tisch mit Plastiktischdecke in Gesellschaft anderer Marktbesucher.

Als erstes geht man über den Markt. Ich rede hier vom echten Wochenmarkt. Also einmal in der Woche oder zweimal im Monat auf einem staubigen Gelände am Rand der Stadt. Es gibt sie nämlich noch, die Märkte, auf denen man alles bekommt. Und günstig! Drei Paar Hausschuhe für fünf Euro. (Wer braucht drei Paar Hausschuhe?) Gelbe Plastikschüsseln. Aluminiumtöpfe in Partygrößen. Und Enxadas. Jetzt sagen Sie bloß, Sie kennen keine Enxadas? Eine Enxada ist doch die Grundausstattung eines jeden Residenten mit einem Stückchen Land. Die erstandene Enxada trägt man stolz auf der Schulter über den Markt, den Walnussbaum in der einen Hand, die Tüte mit den Lauchpflänzchen in der anderen.

Lauch heißt übrigens Alho Francês, und es lohnt sich das zu wissen, denn solange man Alho Francês für eine französische Knoblauchvariante hält, zahlt man das Doppelte, da der deutsch- oder englischsprechende Verkäufer zehn statt fünf Cent pro Pflänzchen nimmt.

Einer der schönsten Stände (neben dem Hähnchen-Grill) ist der „Wühlstand“. Hier kostet ein Kleidungsstück 2 Euro (ZWEI!.) Wo kommen diese Klamotten her? Die Ware dieses Standes ist eines der Rätsel des portugiesischen Lebens. Es gibt Jacketts, Pullover, Shirts. Man zieht, prüft, wirft zurück. Wühlt und wählt.

Ich entscheide mich für eine dicke Strickjacke in Königsblau, die drei Kilo wiegt und mich durch den portugiesischen Winter bringen wird. Die Tochter einer Freundin kauft einen hippen Pullover und eine bunte Hose, die in Deutschland das Fünffache kosten würde.

Dann ziehen wir weiter, die Trophäen-Tüten in der Hand. Es ist kurz vor zwölf. Der Duft von gebratenen Hähnchen zieht über das Marktgelände. Bei Happy Frango belegen wir einen ganzen Tisch. Wir sind zehn Leute und bestellen acht Portionen Hähnchen. Der Vegetarier nimmt den Bacalhau. Der Bekannte von Freunden nimmt gar nichts. Das Ganze ist ihm nicht geheuer. Wackelige Plastikstühle. Die Tische stehen mit den Beinen im Staub. Die Bedienung wischt lässig mit einem Lappen über die Plastiktischdecke, ehe sie die Teller auf den Tisch stellt. Das ist ihm nicht nur nicht geheuer, das ist ihm so richtig suspekt.

Strelitzie

„Was´n mit dem los?“, fragt mich Max. „Der sieht ja aus, als ob man ihm sein Lieblingsspielzeug weggenommen hat.“

Aber das isses auch. Von da an ignorieren wir ihn. Wollen wir uns hier von einem Hygiene-Fanatiker unser Happy Frango kaputt machen lassen? Nö – wollen wir nicht. Wir lieben unsere Markt-Grill-Hähnchen, mit und ohne Piri-Piri. Die lassen wir uns nicht madig machen.

Und jetzt kommt auch noch der Mann mit dem Akkordeon. Muss ich noch extra erwähnen, dass es ein Knopf-Akkordeon ist? Wir suchen nach einer Münze für den Musiker und wissen: Dieser zweite Montag im Monat, der ist schon was ganz Besonderes. Da ist nicht nur ein Ritual, das ist eine Institution. Wir reden hier nicht mehr von Happy Frango, wir reden von Happy Frango ™.

In der Hotelbar

Echte Flamingoblumen an einem gestuften mit Azulejos verziertem Brunnen. Gelber Brunnen, blau-weiß-gelbe Fliesen. Ein Oberlicht über dem Brunnen. Großzügig. Üppig. Die Gitarrenmusik setzt ein.

Ein Flair von madeirenser Gelassenheit. Wandergitarre mit Verstärker.

An den Tischen nur Paare. Fast. Am Tresen zwei Frauen. Auch die beiden können natürlich ein Paar sein. Weiß man´s. Weiß frau´s. Nicht unbedingt.

Was wäre, wenn der Gitarrenspieler in den Kellner verliebt wäre, und hier spielt um ihn zurückzuerobern. Vielleicht ist er sein Ex. Er hat ihm damals den Job besorgt. Also der Kellner ihm, dem Gitarrenspieler. Und dann war er, der Gitarrist, ihm, dem Kellner, untreu.

Es war nur eine Nacht.

Als der Kellner frei hatte.

Der Gitarrist hätte es ihm beichten sollen, das wäre das Beste gewesen, aber er hat gedacht, es hätte niemand mitbekommen. Hatte aber doch.

Am Ende des Monats läuft sein Vertrag aus. Er spielt hier dreimal die Woche. Jetzt hat er noch 9 Tage, um den Kellner zu erweichen. Neun Abende, an denen er ihn mit seiner Musik rühren, bestechen, erobern, überzeugen, an die schönen Zeiten erinnern muss.

Aber – wenn er sich erinnert, wenn die Erinnerungen erst in Bewegung kommen, wenn sie wie ein lose gewordenes Geröllfeld an einem madeirenser Steilhang bei Regen anfangen zu rutschen, dann, ja dann werden auch die nicht so schönen Erinnerungen an die Oberfläche kommen.

Der Streit damals. Damals in der Bahn – wieso sind sie eigentlich mit der Bahn gefahren? Sie hatten doch einen Leihwagen … Ach ja …

Er, Miguel, hatte vergessen zu tanken. Und der Kellner, Jorge, hatte ihm vorgeworfen. Was? Das Übliche, was man – man-man, mann-frau, frau-frau – sich in so einem Fall vorwirft. Vorwürfe, die mit: Immer vergisst du beginnen und mit: Wieso muss ich eigentlich immer alles und du könntest doch auch noch lange nicht enden.

Jetzt spielt Miguel einen Song, der müsste doch was auslösen. Den hat er damals gespielt. An dem Abend, als.

Als Jorge das erste Mal bei ihm zu Hause war.

Als Miguel die Gitarre nahm.

Als Jorge unentschlossen aus dem Fenster sah.

Als ob er prüfen wollte, ob es Sinn machen würde zu gehen. Zu fliehen.

Zu fliehen vor einem Schritt, der das Leben, die Zukunft ändern würde.

Miguel spielte den Song.

Jorge drehte sich um. Weg vom Fenster. Hin zu Miguel. Seiner Gitarre. Und damit begann für Miguel die schönste und größte Liebe seines Lebens.

Jorge räumt das Teegeschirr des älteren Paares ab, mit Blick auf Miguel, was Miguel für einen Moment, einen hoffnungsvollen Moment, als Interesse deutet. Dann bringt Jorge das Teegeschirr zum Tresen. Das ältere Paar ist auf dem Weg zum Fahrstuhl. Ein Paar im mittleren Alter setzt sich an den Nebentisch. Jorge geht in die Küche hinter dem Tresen. Mann und Frau des mittelalten Paares trinken Fassbier. Jeder. Eins. Sie reden nicht miteinander. Tippen auf ihren Handys.

Miguel spielt.

Jorge versucht, sich an den Text zu erinnern … wenigstens den Titel. Aber da ist nichts. Bekannt ja. Irgendwie. Da – die Wiederholung. Nein, der Text ist weg. Es ist ihm, als ob ihn etwas mit diesem Lied verbände. Aber was? Eine flüchtige Erinnerung. An ein Fenster. Ein offenes Fenster. Eine wehende Gardine. Die warme feuchte Luft eines Madeira-Frühlingsabends. Daran, dass er das Fenster geschlossen hatte. Die Lichter von Funchal. Aber sonst? Nein, sonst ist da nichts.

Und jetzt – Orfeu Negro.

Er geht nach vorne an die Tische. Fragt, ob noch jemand etwas will. Die einsame Dame am Tisch an der Wand. Noch ein Glas Wein? Nein?

Er nutzt den Moment. Hört. Lauscht den Tönen. Seinen Gefühlen. Dann ist der Song zu Ende.

Ruina com Boas Vistas

Ein Hauskauf ist immer eine aufregende Sache und in Portugal ganz besonders. Es gibt ja Länder, in denen so ein Hauskauf fast unbemerkt stattfindet, und bei dem sich Käufer und Verkäufer nie treffen. Nicht so in Portugal. Da ist es ein würdevoller Akt, bei dem alle Beteiligten anwesend sein müssen.

Ich bin fest davon überzeugt, wenn ich an diesem Tag nicht die weiße Bluse angehabt hätte, dann hätte Hermann aus Hamburg seinen Hauskauf knicken können. Denn das Häuschen, dass er kaufen wollte, gehörte gar nicht dem Nachbarn, der es verkaufen wollte, sondern der Schwiegermutter. Und diese Schwiegermutter wollte einerseits verkaufen, und dann andererseits auch wieder nicht.

Es war ein heißer Augusttag. Wir standen im Schatten einer Korkeiche vor einem weißgekalkten Lehmhaus. Bienen summten und die Luft roch nach Thymian.

„Sie haben so eine hübsche Bluse an," sagte die Schwiegermutter zu mir. Dann zeigte sie auf Hermann. „Sind Sie verheiratet?"

Ich schüttelte den Kopf. Nein, Hermann war kein Namorado, Partner oder Lebensabschnittsgefährte. Hermann war ein Freund, träumte von einem Haus in Südportugal, aber er sprach kein Portugiesisch. Also übersetzte ich.

„Gut", sagte die Schwiegermutter nach einer Weile. „Ich verkaufe."

Der Nachbar, Hermann und ich atmeten auf. Am besten wäre es jetzt gewesen, sie gleich zum Notar zu schleppen. Aber jeder, der in Portugal eine Immobilie gekauft hat, weiß, wie viel Zeit, Geduld und Papiere dafür nötig sind. Als wir die Schwiegermutter endlich zum Termin beim Notar abholten, trug sie einen schwarzen Rock, eine helle Polyesterbluse, und über ihrem Arm hing eine unförmige Handtasche.

„Heute werde ich ihn zum ersten Mal wiedersehen", vertraute sie mir auf der Autofahrt zum Notar an.

„Wen?", frage ich.

„Meinen Ex-Mann", sagte sie. „Zum ersten Mal seit 16 Jahren."

Auf dem Notariat saßen wir aufgereiht auf Stühlen an der Wand und warteten. Das war noch nicht das Heiligtum des Notariats, das war das Vorzimmer mit dem langen Tresen.

Wer endlich dran kam, breitete seine Papiere auf dem Tresen aus. Aber wie viele Papiere es auch waren, es fehlte immer noch ein Papier, von dem vorher nie die Rede war. Zum Glück hatten wir unsere Papiere zusammen. Papiere zu besorgen war in diesen

Zeiten ja wie eine Schnitzeljagd. An den Checkpoints wie Grundstücksamt, Finanzamt, Notar, Botschaft, Junta de Freguesia und Câmara gab es jedes Mal eine neue Aufgabe. Viele Checkpoints mussten mehrmals angelaufen werden. Manchmal hing auch eins vom anderen ab.

„Das ist ja wie Dominosteine", sagte ich zu der Sekretärin in der Botschaft.

„Oh, da haben Sie Glück, es gibt Fälle, die sind wie Ping-Pong", lautete ihre Antwort.

Heute händigt der Notar erstens Listen aus und übernimmt zweitens einen Teil der Bürokratie. Das nimmt natürlich einen Teil des Spaßes weg. Dafür geht es erheblich schneller. Es sei denn, man gerät in eine Ping-Pong-Falle, da gibt es keine Lösung. Damals nicht und heute nicht.

Wir warteten eine Stunde. Und noch eine. Der Nachbar unterhielt sich mit seinem Schwiegervater. Hermann sagte nichts. Vielleicht war ihm ein bisschen mulmig zu Mute. So ein Hauskauf ist schließlich eine große Entscheidung. Egal ob es sich um eine Ruina com Boas Vistas, eine Ruine mit schönem Blick, handelt oder eine Vivenda do Luxo, eine Luxusvilla.

Wie sagte ein Freund von mir neulich so schön: "Damals träumten wir ja alle davon, uns einen Hof in Portugal kaufen. Zum Glück hatte keiner das Geld". Stimmt einerseits. Aber auf der andern Seite, wer weiß, was ihm und den anderen alles entgangen ist. Heißt es nicht immer, man bereut nicht das, was man getan hat, sondern das, was man nicht getan hat?

Und heißt es nicht auch, ein Mann soll in seinem Leben ein Haus bauen, einen Baum pflanzen und einen Sohn zeugen?

Hermann hatte damals das Geld. Sein Hauskauf war ja auch mehr in Richtung Ruine als in Richtung Luxusvilla. Oder um genau zu sein: es war die Ruine. Nur dass die Wände noch standen. Allerdings fielen sie an dem Tag zusammen, als er das Dach an einer Ecke abnahm, um es zu reparieren. Das wäre bei der Luxusvilla nicht passiert. (Denke ich mal.)

Die Schwiegermutter machte ihre Tasche auf, holte eine Kette aus falschen Perlen heraus und legte sie um. Dann holte sie aus ihrer Handtasche ein Dutzend Eier, die sie mir in die Hand drückte. Ovos caseiros, die guten Landeier, für mich. Als nächstes holte sie ein Armband und einen Pfirsich hervor. Sie legte das Armband an und aß den Pfirsich. Endlich wurden wir in das Zimmer des Notars gerufen. Die Schwiegermutter aß den letzten Bissen von ihrem Pfirsich und drückte mir den Kern in die Hand.

„Hier", sagte sie. „Den können Sie einpflanzen. Diese Pfirsiche sind ganz ausgezeichnet."

Der Notar las den Kaufvertrag vor. Ich übersetzte. Dann unterschrieben wir alle und die Schwiegermutter drückte ihren Fingerabdruck auf das Papier. Und das war´s.

Plötzlich war es erledigt.

Nach wochenlangen Vorbereitungen, Aufregungen und Zweifeln war der Kauf abgeschlossen und Hermann der Besitzer eines Monte Alentejanos, an dem er die nächsten zehn Jahre renovieren würde (mindestens.) Ich gab ihm auch den Pfirsichkern. So hatte er nicht nur das Haus, sondern konnte auch einen Baum pflanzen. (Und für den Sohn war ich ja nicht zuständig.)

Und jetzt mal ganz ehrlich, so eine Zeremonie beim Notar, bei der alle Beteiligten anwesend sind, die hat doch was. Wie, es kostet Zeit und Nerven? Ja schon. Aber es schafft doch auch ganz wunderbare Erinnerungen. Oder etwa nicht?

Café Central

Vermutlich kennen Sie auch ein Café Central. Denn Cafés mit diesem Namen gibt es viele. Natürlich gibt es auch Cafés mit anderen Namen. „O Cantinho d´Avó Micas", zum Beispiel, "O Retiro do Caçador", oder das "Café Luso-Espanhol", von uns „Café Heidelberg" genannt, weil die Besitzer mal in Heidelberg gearbeitet haben.

Aber das Café Central ist irgendwie ubiquitär. Genauso wie Maria als Frauenname, Zé als Männerspitzname und die Rua dos Emigrantes.

Die Zés der Region sind so viele, dass sie einmal im Jahr gemeinsam einen Ausflug machen. Mein Bekannter Wolfi darf seit Jahren mitfahren. Vielleicht weil er als Deutscher ja keine wirkliche Chance hatte, den Vornamen José zu bekommen.

Die Marias lösen ihr Dilemma des ubiquitären Namens, indem sie einfach den zweiten Namen verwenden. So wird aus Maria do Carmo eine Carmo. Aus Maria Isabel eine Isabel und aus Maria José eine Mizé. Und nein, sie darf am Ausflug der Zés nicht teilnehmen, denn hier ist das Geschlecht noch wichtiger als der Name.

Ach ja – die Ruas dos Emigrantes. Es wäre schön, wenn es sie nicht geben müsste. Zumal sie in letzter Zeit wohl eher Auto-Estradas dos Emigrantes heißen müssten. Vor zwei Wochen hat mich die Lokalzeitung interviewt. Nicht, weil ich irgendwie berühmt wäre oder was. Nein, sie porträtieren mich, um zu zeigen, dass es auch Einwanderung gibt. Deswegen berichten sie jede Woche über einen Ausländer, der in Portugal wohnt.

Aber zurück zum Café Central.

Ein Café Central ist normalerweise alt. Es gibt diese Cafés schon „seit immer". Nicht zuletzt deswegen, weil sie es irgendwie schaffen, mit der Zeit zu gehen. So wie dieses Café Central hier, in dem ich sitze.

Die Zeiten der Stahlstühle, deren Beine ohne Gummikappen schrill über den Fußboden schraben, sind vorbei. Auch die Tische wackeln nicht mehr. Stattdessen ein modernes Design, dass man wohl am besten als „frühen Star-Trekionismus" bezeichnen könnte.+

Die vielen roten und grünen Lämpchen der Kaffeemaschine blinken wie in Captain Kirks Kommandozentrale. Stühle, Tische und Fußboden sind titanweiß. Die Außenwände aus Glas. Die Wände hinterm Tresen in glänzendem Plastikrot. Dazu

Vries und aufgesetzte Säulen, also praktisch moderne Pilaster, in schwarz-weiß-gestreiftem Relief. Geradezu psychedelisch. An der Decke Röhren, die außen weiß und innen rot sind. Unregelmäßig verteilt.

Gelle, Sie dachten zuerst, ich übertreibe. Aber so sind sie manchmal hier, in Portugal. Es gibt sogar einen Ausdruck dafür: oito ou oitenta, eine Art nach oben und unten abgeschwächtes Alles oder Nichts.

Am Nebentisch ein Vater mit Tochter. Sie trinkt Kakao, er versucht mit ihr zu reden. Wo ist die Mama? Ist die Kleine ein Scheidungskind, das am Samstagnachmittag bei Papa ist?

Ein Tisch weiter ein älteres Paar. Sie ziehen die Mäntel nicht aus. Sie kennen das Café wahrscheinlich noch aus den ungeheizten Stahlstuhl-Wackeltisch-Zeiten und behalten die Mäntel aus Gewohnheit an.

Zwei Frauen sitzen unter dem Fernseher. Der Fernseher, ein Flachbildschirm eingebettet in das psychedelische Relief, ist ein Relikt aus den alten Zeiten. Früher hatte er eine Funktion. Wer keinen Anschluss zu Hause hatte, konnte hier die Nachrichten oder Fußball sehen. Heute ist der Ton runtergeschaltet, und niemand sieht hin. Abgeschafft wird er trotzdem nicht.

Es gibt eben Dinge in Portugal, die zeitlos sind. Der laufende Fernseher im Café Central gehört dazu. Und natürlich die Kuchen. Am besten sind die Mandelquadrate mit Schokolade. Aber das ist natürlich nur meine ganz persönliche super-subjektive Meinung.

Volto já

Was hat die Skyline am Frankfurter Flughafen mit den Verkehrsampeln von Viseu gemeinsam? Ganz einfach: Die Zeit wird in Sekunden angezeigt. Alle drei Minuten verbindet ein fahrerloser Zug Terminal 1 und 2, und wie viel Zeit vergeht, bis der nächste Zug kommt, wird in Sekunden angezeigt. Runter geht es in Zehner-Sprüngen, 180, 170, 160. Da sind die Verkehrsampeln von Viseu genauer. Die zeigen jede Sekunde an.

Sekunde für Sekunde vergeht die Zeit, 24, 23, 22 Sekunden, dann dürfen wir endlich über die Straße gehen. Ich kann die Augen nicht von dieser Ampelanzeige wenden. Als ob sie mich hypnotisieren würde. Was wahrscheinlich der Sinn dieser Ampelanzeige ist. Sie hypnotisiert die Fußgänger und hält sie so davon ab, bei Rot über die Straße zu gehen, wie es hier in Portugal eigentlich üblich ist.

Diese sekunden-pedantische super genaue Anzeige ist das Gegenteil des in Portugal sonst üblichen Zeitbegriffs. Beispiel: Volto já. Auf Deutsch: Ich komme gleich wieder. Jeder, der schon einmal vor einer geschlossenen Ladentür mit einem „Volto já“ Schild im Fenster gestanden hat, weiß, wovon ich rede. „Volta já“ hängt der Besitzer eines kleinen Ladens an die Tür, wenn er mal eben etwas einkaufen muss. Oder schnell irgendwo irgendwas holen will. Oder im Café gegenüber eine Bica trinkt. „Volto já“ bedeutet: Klar ist eigentlich normale Ladenöffnungszeit, aber nun ist der Laden eben mal kurz geschlossen.

Ich frage bei portugiesischen Freunden nach, wie lange so ein „Volto já“ dauern kann.

“O volto já deveria ser 10 minutos, mas há casos em que dura muuuuuuuuuuito mais”, chattet Sofia zurück. (Ich komme gleich wieder bedeutet eigentlich 10 Minuten, aber manchmal dauert es seeeeeeeeeehr viel länger.) Ja, so wird Zeit hier in Portugal gehandhabt. Man verabredet sich zu einem bestimmten Zeitpunkt. Und alle erscheinen irgendwann um diesen Zeitpunkt herum. Und zwar eher später als früher. In Deutschland ist Pünktlichkeit eine Sekundär-Tugend. In Portugal wohl eher eine Dezimär-Tugend.

Interessanterweise hat der Begriff Pünktlichkeit in der Wikipedia gleich zwei Einträge auf deutsch, wenn man ripoarisch als deutsch durchgehen lässt. Was ripoarisch ist? Eine kontinentalwestgermanische Dialektgruppe, für die Pünktlichkeit so wichtig ist, dass jemand sogar einen Eintrag auf Wikipedia dazu verfasst, obwohl es sonst wahrscheinlich nicht besonders viele Einträge auf ripoarisch gibt.

Auf portugiesisch gibt es keinen Eintrag über Pünktlichkeit in der Wikipedia. Was jeden, der sich hier viel im Land aufhält, vermutlich nicht so besonders verwundert.

Eigentlich müssten bei der Einreise an den Landesgrenzen und am Flughafen Warnschilder stehen. Eine Warnung wie: Achtung – Sie verlassen den monochronen Kulturkreis und betreten einen polychronen Kulturkreis. Mit anderen Worten: Ab jetzt Tschüss Pünktlichkeit, denn das ist hier keine Kultur, die pedantisch auf die Sekunden achtet. Ja nicht mal auf die Minuten. Und weil es von jeder Regel eine Ausnahme geben muss, hat man die Verkehrsampeln von Viseu erschaffen, mit ihren Sekundenanzeigen. Eine Art von trotzigem wir könnten, wenn wir wollten, aber wir wollen nicht.

Deswegen ist der Angestellte, den man sprechen will, gerade nicht da.

Deswegen d-a-u-u-u-e-r-t es so lange an der Kasse.

Deswegen dauert die Behandlung „Trottel (ich) hat Watte von Wattestäbchen im Ohr“ in São Pedro do Sul eine unterhaltsame halbe Stunde und in Waldstadt 7,5 Sekunden.

„Gott schuf die Zeit, von Eile hat er nichts gesagt“, lautet ein deutsches Sprichwort. (Bin mir nicht sicher, ob das ein Sprichwort ist oder einer von diesen Sprüchen, die auf Facebook kursieren, wo theoretisch klar ist, wie Glücklichsein geht. Nur mit der Praxis hapert es bei uns allen ein bisschen.) Ein deutsches Sprichwort, das in Portugal perfekt umgesetzt wird. Untermauert durch ein portugiesisches Sprichwort, dem man nichts entgegensetzen kann: A pressa é inimiga da perfeição – Eile ist der Feind der Perfektion. Was einen aber nicht zu dem Umkehrschluss verführen sollte, alles was langsam und unpünktlich abläuft, wäre perfekt.

Und so stehe ich vor einem Volto-já-Schild und warte.

Gehe einen Kaffee trinken, komme wieder – das Schild hängt immer noch da.

Und ich frage mich: Warum steht da nicht, heute Nachmittag geschlossen oder bin um 16 Uhrzurück oder eine andere Aussage, mit der man wirklich was anfangen kann. Aber nein – da hängt das schwammige sinnlose nervige nichtssagende „Volto já“.

In der Wikipedia steht: Dort, wo monochrone und polychrone Kulturen aufeinandertreffen, muss es zwangsläufig zu Konflikten kommen. Was eine monochrone Kultur ist? Das ist eine Kultur, in der PÜNKTLICHKEIT groß geschrieben wird. Und eine poly-

Leuchtturm in Barra, Aveiro

chrone Kultur? Das ist eine Kultur, in der die Leute Zeit haben. In der soziale Interaktion wichtiger ist als das Einhalten der Termine. In der Pünktlichkeit eine Dezimär-Tugend ist.

Ich hatte zum Glück eine Mutter, die mich schon früh auf das Überleben in einer polychronen Kultur vorbereitet hat, obwohl wir in einer monochronen Kultur lebten. Bestes Beispiel ist die Konfirmation meines Bruders. Alle stehen fertig in der Tür, meine Mutter sucht noch irgendwas. Mein Bruder drängelt: „Jetzt beeil dich, wir kommen zu spät.“ Und meine Mutter antwortet gelassen: „Einer muss der letzte sein.“

Und erst jetzt in diesem Moment, jetzt wo ich hier diesen Text schreibe, wird mir klar: Das war womöglich eine frühe Vorbereitung auf mein späteres Leben in Portugal. Auf ein Leben, wo Sekunden nur auf Verkehrsampeln gezählt werden.

Die Feuerzeug-Lizenz & die Nelken-Revolution

Es gibt viel Absurdes. Die Pflicht, eine Feuerzeug-Lizenz zu besitzen, wenn man ein Feuerzeug bei sich hat, gehört eindeutig dazu. Warum die Lizenz nur an Land nötig ist und nicht auf dem Wasser? Vielleicht um dem Absurden noch eins drauf zu setzen. (Die Wege der Bürokratie sind ja oft undurchschaubar.) A „Licença de Isqueiro“ in der Zeit der Diktatur war eine so unsinnige Regelung, dass sie sogar noch vor der Revolution abgeschafft wurde. Wann die Revolution war? Am 25. April 1974, also vor genau 40 Jahren.

Ich wünschte, ich hätte eine Zeitmaschine. Dann würde ich in die Vergangenheit reisen. Nicht so weit zurück wie in die Zeit der Feuerzeug-Lizenz (1937-1970), aber in die achtziger Jahre. Die Stimmung war hoffnungsvoll, Begeisterung und Solidarität überall spürbar. So wie es José Afonso in seinem Lied Grândola Vila Morena beschreibt, das zusammen mit den roten Nelken zum Symbol dieser Revolution wurde.

Em cada esquina um amigo

Em cada rosto igualdade
Grândola vila Morena
Terra de Fraternidade

An jeder Ecke ein Freund, in jedem Gesicht Gleichheit, Grândola braune Stadt, Land der Brüderlichkeit. Überall in Portugal waren an den Mauern die Parolen der Revolution, und die Menschen diskutierten leidenschaftlich auf der Straße und im Café.

Mitte der achtziger Jahre: Antonio, der ehemalige Vorarbeiter auf einem Gutshof, und Pereira, der reichste Mann des Dorfes, sitzen gemeinsam an einem Tisch im Café Central. Früher hat Pereira die Genossen zu den verbotenen Treffen der PCP gefahren, weil er das einzige Auto im Dorf hatte. Er war kein Kommunist, aber er war gegen die Diktatur.

An diesem Tag im Café schenkt der reichste Mann des Dorfes Antonio seine Egge. Antonio hat sie sowieso seit Jahren geliehen, jetzt gehört sie ihm, ich bin Zeugin, darauf trinken wir einen.

Die Stimmung von Aufbruch und Begeisterung reicht weit über Portugal hinaus. In Carvalhal im Alentejo findet ein internationales Friedensfestival statt, ich hüte dort das Baby einer Freundin und lande als Beispiel für die internationale glückliche blonde junge Mutter auf der Titelseite des Diário.

Eine Bildungsgruppe aus Hamburg besucht eine Kooperative im Alentejo. Wir besichtigen die Tabak- und die Erdbeerfelder. Die Genossen aus Deutschland sind ganz begeistert von den Erdbeeren. Woraufhin ein Landarbeiter sagt: „Wenn ihr wollt, könnt ihr gerne welche essen".

Im Sinn von: está servido (es ist serviert.) Jeder in Portugal weiß, wie die korrekte Antwort auf diese rhetorische Einladung lautet: não, obrigada, já jantei (nein, danke, ich habe schon gegessen.) Oder man probiert vielleicht eine Erdbeere oder zwei. Die solidarischen Städter jedoch bücken sich und essen das halbe Erdbeerfeld leer. Unter den fassungslosen Blicken der portugiesischen Landarbeiter. (Kein Kommentar / die Genossen von der Kooperative haben ja auch nichts dazu gesagt.)

Ein Dozent einer deutschen Uni erstellt eine Studie über die Unter-Entwicklung in der Landwirtschaft in Südportugal, weil Portugal DAS Thema ist. Dazu heuert er ein paar Helfer aus dem Dorf an, die die Landbevölkerung befragen. Meine Freundin Ju ist dabei. Der Dozent verteilt die Interviewer in der Landschaft. Als letzte setzt er Ju ab und legt sich dann unter eine Korkeiche zum Schlafen. (Wahrscheinlich aus Solidarität mit den alentejanischen Landarbeitern.)

Ju berichtet mir abends von den Highlights der statistischen Erfassung zur landwirtschaftlichen Lage im Alentejo.

Frage: „Wie viele Nutztiere haben Sie?"

Antwort: „1 Hahn, 10 Hühner und 1 Kaninchen, aber ich weiß nicht, ob es lohnt das aufzuschreiben, das kommt Samstag in den Topf".

Und auf dem nächsten Hof.

„Wie viele Tiere haben Sie", fragt Ju die Bäuerin.

„Keine", sagt die Bäuerin ohne mit der Wimper zu zucken, während die Hühner und Enten um ihre Beine flitzen.

Aus Angst davor, was passieren kann, wenn sie zugibt, Tiere zu halten. Aus Angst vor neuen Steuern. Oder einer neuen Lizenz. Wer die Zeiten der Feuerzeug-Lizenz erlebt hat, kann sich auch Hühner- oder Kaninchen-Lizenzen vorstellen.

Das sind meine Lieblingsanekdoten aus dieser Zeit.

Die Lieblingsanekdote meines Freundes Antonio sind seine Fahrten mit der Fähre von Setúbal nach Troia in den Zeiten der Feuerzeug-Lizenz.

Antonio hat sich jedes Mal eine Zigarette mit seinem Feuerzeug angezündet. Unter den Augen der Spitzel, die auf See machtlos waren, aber an Land sofort die Lizenz verlangten. Zwanzig Minuten dauerte so eine Fährfahrt, zwanzig Minuten lang konnte Antonio die Ungeduld der Spürhunde genießen. Die Spürhunde bekamen nämlich einen Teil der Strafe als Belohnung. In diesem Fall allerdings nicht, denn Antonio hatte ja eine Licença de Isqueiro, eine Feuerzeug-Lizenz.

Die war zwar teuer, aber die hat er sich gegönnt. Jahr für Jahr.

Zu den Zeiten, als diese Anekdote spielt, gab es das Lied Grândola Vila Morena noch nicht. Der Liedermacher José Afonso schrieb es im Jahr 1971, und wie so viele seiner Lieder wurde es verboten. Denn:

Em cada esquina um amigo
Em cada rosto igualdade
Grândola vila Morena
Terra de Fraternidade

An jeder Ecke ein Freund? In jedem Gesicht Gleichheit? Wo kämen wir da hin! Womöglich zu einem Leben ohne Feuerzeug-Lizenzen!

Zurück in die Gegenwart. Die Feuerzeug-Lizenz ist abgeschafft. Für das Lied Grândola Vila Morena gibt es ein eindrucksvolles Denkmal am Ortseingang für Grândola. Und an jeder Ecke ein Freund und in jedem Gesicht Gleichheit? Das klingt immer noch gut. Zu jeder Zeit. Ob in Grândola oder anderswo.

Wearable Art

Auf dem Vorgang schepperte irgendwas und ich hörte auf zu fegen und sah hoch. Was war das? Dann sah ich es. Sabine kam den Vorgang lang, direkt zu mir auf die Terrasse. Das Scheppern kam von irgendwelchen Dingen, die sie an ihrem Körper trug und die bei jedem Schritt Geräusche machten.

“Voilà”, sagte Sabine. “Wie findest du es?”

“Wie finde ich was?”, fragte ich.

“Mein Kleid”, sagte Sabine.

“Das ist ein Kleid?”, fragte ich.

“Ein Stück aus meiner Kollektion”, sagte Sabine. “Wearable Art.”

“Wearable Art?”, fragte ich.

“Meine Güte”, sagte Sabine. “Tragbare Kunst. Kleider, die Kunstwerke sind. Catherine Bacon? Nick Cave? Michelle Murray?

Jetzt sag bloß, du hast noch nie davon gehört? Normalerweise besteht Wearable Art natürlich aus Textilien. Aber ich verwende nicht nur Stoffe. Das ist ja auf Dauer langweilig. Ein Künstler muss auch mal Neues probieren. Grenzen sprengen. Neuland betreten. Ich verwende alles. Ich mache Wearable Mixed Media, wenn du so willst."

Ich sagte nichts. Ich meine, was sollte ich dazu sagen. Das sah mir mehr nach Unwearable Mixed Media aus. Oder würden Sie in in einem Umhang aus gepressten Coladosen rumlaufen?

"Na und jetzt ist meine Kollektion fertig und ich dachte mir, Sabine, dachte ich mir, jetzt ist es Zeit an die Öffentlichkeit zu gehen. Ich will endlich ausstellen und verkaufen."

In diesem Moment kam Tina auf die Terrasse. Sie wissen schon, der kleine gestreifte Tiger, der bei uns die Mäuse fängt und dafür Futter kriegt. Tina blieb stehen. Sie erstarrte. Ihre runden Augen wurden noch runder. Kreisrund, sozusagen. Und dann begann sie vorsichtig ihren Rückzug. Sie ging sehr langsam rückwärts und ließ Sabine dabei nicht aus den Augen. Und als sie einen gehörigen Sicherheitsabstand hatte, drehte sie sich um und raste wie eine Rakete über den Rasen. Ich sah zu Sabine. Sabine zuckte mit den Schultern. Die gepressten Coladosen schepperten.

"Das ist nicht meine Klientel", sagte Sabine. "Katzen kaufen keine Kleider."

"Niemand kauft solche Kleider", sagte ich.

"Nun sei doch nicht so negativ", sagte Sabine.

Warum war sie eigentlich hier? Warum erzählte sie mir das alles? Vielleicht wollte sie mich zu einer Ausstellung einladen?

"Okay", sagte ich. "Du hast eine Ausstellung. Sag mir wann und wo sie ist und ich komme hin."

"Die Ausstellung ist hier", sagte Sabine. "Heute."

"Nein", sagte ich.

Maria kam vom Wäscheplatz, einen großen Korb mit Wäsche auf dem Kopf. Sie sah Sabine und blieb stehen. Ruckartig. Sie stellte den Wäschekorb auf den Boden und bekreuzigte sich.

Dann setzte sie den Wäschekorb mit einem Schwung wieder auf den Kopf und ging in die Küche.

“Nur heute Abend“, sagte Sabine. “Morgen Vormittag räume ich die Sachen wieder weg.”

“Ich weiß nicht”, sagte ich. “Es ist Freitag, wir haben das Haus voller Gäste.”

“Na eben drum”, sagte Sabine. “Ein Künstler braucht Publikum. Und in Grândola ist das nicht so einfach, die Leute haben keinen so rechten Sinn für Kunst.”

Da war was dran. Aber trotzdem.

“Ich kann das gar nicht entscheiden”, sagte ich. “Ich bin nur das Zimmermädchen.”

“Aber Gerda und Ulla sind in Lissabon”, sagte Sabine. “Sie werden es nie erfahren.”

Da sehen Sie, wie das bei uns in der Provinz ist. Jeder weiß alles. Man fragt sich wieso. Ich hatte schon vom kollektiven Unbewussten gehört. Gab es vielleicht auch so eine Art kollektives regionales Wissen?

“Nein”, sagte ich.

“Genau so wie sie nie erfahren werden, dass du neulich mit der Reservierung Mist gebaut hast”, sagte Sabine. “Zwei Einzelgäste in einem Doppelzimmer... noch dazu Mann und Frau ...“

Okay, es war vielleicht nicht gut gewesen, ihr das zu erzählen, aber jeder muss sich mal aussprechen.

“Oh Mann, Sabine”, sagte ich.

“Und genau so, wie sie nie erfahren werden, dass du die Flores weggeschickt hast, obwohl Zimmer frei waren”, sagte Sabine.

Gut, ich hatte die Flores weggeschickt. Aber die Flores war unerträglich. Sie hing einem immer auf den Fersen und redete einen voll. Sie hielt mich von der Arbeit ab, sie hielt Maria von der Arbeit ab, sie vertrieb die Gäste von der Terrasse. Sie ging jedem auf die Nerven. Im Grunde hatte ich dem Gästehaus einen Gefallen getan. Die Frage war nur, ob Gerda und Ulla das auch so sehen würden. Schließlich lebten wir davon, dass wir Gäste aufnahmen und nicht davon, dass wir Gäste wegschickten.

"Ich weiß nicht", sagte ich.

"Und ihr seid mir noch was schuldig", sagte Sabine. "Wegen der Sache mit dem Manolo Blahnik Schuh."

"Und morgen früh sind die Sachen wieder weg?" sagte ich.

"Morgen früh sind die Sachen wieder weg", sagte Sabine.

Was sollte ich machen? Ich sagte ja.

Sabine brachte die Sachen nach dem Abendessen. Maria war zu Hause. Ulla und Gerda waren im Hot Clube in Lissabon zum Jazz und würden nicht vor Samstag Nachmittag wieder auftauchen, und bis dahin hatte ich Dienst. Zuerst stellte Sabine eine Reihe von Schaufensterpuppen ins Brunnenzimmer. Das Brunnenzimmer wurde von uns so genannt, weil wir einen Brunnen hatten, aus dem nie Wasser lief.

Warum lief das Wasser eigentlich nicht? Keine Ahnung, müssen Sie Gerda fragen. Eigentlich war es ein Essraum. Ein großer schöner Essraum. Eine Art geschlossene Terrasse.

Dann stellte sie noch ein paar Kleiderständer dazu, die wie Kreuze aussahen. Sie verstehen schon: eine lange Stange hoch, eine kürzere Stange quer. Über diese Kreuze hängte sie hauptsächlich Kimonos. Auf die Schaufensterpuppen kamen die Sachen, die eher nicht aus Stoff waren. An die Decke hängte sie ein paar Windspiele. Es sah schon sehr beeindruckend aus. Das ganze Brunnenzimmer war belebt. Gespenstisch, aber belebt. Irgendwie.

Sabine hatte sogar Nüsse und Salzstangen mitgebracht und ein paar Flaschen Portwein und Moscatel. Wir stellten Schälchen mit dem Knabberkram auf und schenkten den Portwein und den Moscatel in kleine Gläser und es wurde eine richtige Vernissage. Die Reaktion der Gäste war ziemlich unterschiedlich. Manche fanden die Sachen sehr gut und manche fanden sie absolut scheußlich. Manche interessant. Aber das war schon okay so, Kunst musste nicht unbedingt Zustimmung bringen, sie konnte auch Diskussionen auslösen, sagte Sabine. Und das tat diese Wearable Mixed Media.

Besonders das Exemplar, das nur aus Müllteilen bestand, weil es auf die Verschwendung in der Wegwerfgesellschaft aufmerksam machen sollte. Ich fand, Sabine hätte wenigstens die alten Essensreste abmachen können. Und ich war mit meiner Meinung nicht alleine. So sah es schon ein bisschen eklig aus, nicht wahr. Und dann diese Jacke mit Kapuze, auf dem Kreuz sah es aus wie ein Gehängter. Am besten kam eigentlich der neongrüne Kimono an. Dabei entfaltete er seine volle Wirkung erst, wenn es dunkel war, sagte Sabine. Noch saugte sich der Stoff mit Licht voll. Heute Nacht würde er strahlen. Alles in allem: ein gelungener Abend.

Nach und nach gingen alle Gäste ins Bett. Sabine fuhr nach Hause. David machte die Lichter aus. Ich schlief im Zimmer von Gerda und Ulla, weil ich ja Dienst hatte. Ich schlief tief und fest. Träumte. Sie müssen wissen, bei uns ist es nachts sehr still. Keine Autos, kein Lärm, kein Licht. Das Gästehaus liegt ja sehr abgelegen. Und nachts herrscht eine geradezu unfassbare Stille. Und es ist stockdunkel. Manche Gäste haben richtig Mühe damit. Es gibt Kinder aus der Stadt, die haben noch nie eine Nacht ohne Lichter erlebt. Es gibt Gäste, die leiden unter der Stille.

Und mitten in der Nacht und ganz plötzlich wurde diese Stille von einem schrillen Schrei zerrissen. Sie kennen doch den Ausdruck: Ihr gefror das Blut in den Adern. Ich hatte mir nie vorstellen können, wie sich das anfühlen sollte. Jetzt wusste ich es. Meine erste Reaktion war: Unter die Bettdecke kriechen und nicht existieren. Aber der Schrei ging einfach weiter. Laut. Schrill. Durchdringend. Durch das ganze Haus. Und ich hatte Dienst. Ich war verantwortlich. Ich nahm meinen ganzen Mut zusammen und stand auf. Ich ging nach draußen, auf die Terrasse. Der Schrei hielt an.

Langsam gingen in den Zimmern nach und nach die Lichter an. Der Schrei kam ganz eindeutig aus dem Brunnenzimmer.

Ich ging zum Brunnenzimmer. Die Figuren sahen bei Nacht wirklich sehr beeindruckend aus. Und der neongrüne Kimono leuchtete in der Tat.

In der Mitte des Brunnenzimmers stand ein Mann vor dem Gehängten und schrie. Er hatte völlig die Nerven verloren. Er schrie und schrie. Ich machte Licht an und der Mann hörte auf zu schreien. Mittlerweile waren alle Gäste versammelt. Der Mann ließ sich auf einen Stuhl fallen. Völlig erschöpft. Seine Tasche fiel zu Boden. Ein Leinenbeutel mit der Aufschrift: Rettet den Regenwald. Ein paar Sachen fielen raus. Eine Perlenkette. Ein goldenes Armband. Eine Uhr.

"Das ist meine Kette", sagte Isabel Mendes.

"Das ist mein Armband", sagte Paula Ribeiro.

"Was ist das?", fragte ich den Mann und zeigte auf den Beutel.

"Ein Leinenbeutel", sagte der Mann. "Ich verwende nie Plastiktüten. Plastiktüten sind eine ökologische Sauerei."

"Ich meine den Inhalt", sagte ich.

Der Mann sagte nichts. Brauchte er auch nicht. War ja offensichtlich. Die Sachen waren aus den Zimmern der Gäste und der Mann war ein Einbrecher. Senhor Mendes aus Zimmer vier zog den Gürtel aus seinem Bademantel und er und Bernd Berger banden den Einbrecher damit auf dem Stuhl fest. Paula Ribeiro wählte die 112 und rief die Polizei.

Jetzt kam auch Bonnie. Unser Irish Setter. Okay, Irish Setter sind bekanntermaßen keine Wachhunde. Aber als letzte zu kommen war schon ein starkes Stück. Sie ging direkt zu dem Einbrecher. Sie setzte sich vor ihn und sah ihn mit ihrem ich-bin-einhungriger-Hund-den-nie-jemand-füttert-Blick an.

"Das hier ist nicht fair", sagte der Einbrecher. "Warum haben Sie hier nicht eine normale Alarmanlage, wie andere Häuser auch? Damit kann ich umgehen. Da mache ich ein bisschen schneller und bin weg, bis die Polizei eintrifft. Aber das hier … ". Er schüttelte den Kopf und sah auf Sabines Kollektion Wearable Art. "Das hier ist unfair. Da kann man sich ja zu Tode erschrecken."

"Na, das ist ja nun auch übertrieben", sagte Isabel Mendes.

"Sie müssen es mal im Dunkeln sehen", sagte der Einbrecher. "Dann verstehen Sie, was ich meine."

Ich machte das Licht aus. Na ja, der Einbrecher hatte schon recht. Im Dunkeln sah das richtig gruselig aus. Geradezu gespenstisch. Haben Sie schon mal Knochen gesehen, die im Dunkeln glitzern? Wir auch nicht. Und dann diese Töne. Das waren die Windspiele. Sie bewegten sich leise und gaben – ja, man kann es nicht anders sagen – Laute von sich. Und da – hinten – eine der Figuren bewegte sich – eine Hand. Eine menschliche Hand. Jetzt schrien wir alle auf. Nicht so laut wie der Einbrecher, aber immerhin.

"Sehen Sie, was ich meine", sagte der Einbrecher und ich machte das Licht wieder an.

David war durch die Terrassentür reingekommen und kam hinter den Figuren hervor.

"Abgefahren," sagte er. "Ich wusste gar nicht, dass ihr noch eine Nacht-Vernissage macht. Sehr cool."

"Vielleicht könnten wir unsere Sachen wiederkriegen?", fragte Teresa Santos.

"Klar", sagte ich. "Aber natürlich."

Ich nahm den Leinenbeutel und zog das erste Teil raus. Ein hübsches Collier, fast wie ein Wasserfall, aus diesen falschen Steinen, die heutzutage fast wie echte gehandelt werden.

"Meins", sagte Isabel Mendes.

Eine Uhr mit Mondanzeige. Auch ein sehr schönes Teil.

"Meins", sagte Senhor Mendes.

Ein Vibrator. Luxus-Ausführung. Eigentlich auch ein schönes Teil, aber keiner meldete sich. Ich sah in die Runde. Alle zuckten mit den Schultern. Gehörte anscheinend keinem. David grinste. Ich steckte den Vibrator wieder in den Beutel und verteilte den Rest der Sachen. Dann kam die Polizei, nahm den Einbrecher fest und wir gingen alle wieder schlafen.

Am nächsten Morgen nach dem Frühstück kam Sabine. Sie kam in die Küche, nahm eine Tasse aus dem Schrank und goss sich einen Kaffee ein.

"Hast du schon die Nachrichten gehört?", fragte sie.

Ich schüttelte den Kopf.

"Absolut fantastisch", sagte Sabine. "Sie besprechen meine Ausstellung. Absolut fantastisch."

Sie sah auf die Uhr. Kurz vor elf. Sie stand auf und stellte das Radio an. Radio Grândola, unseren Lokalsender.

"Pass auf", sagte sie.

Wir hörten zu. Die Nachrichten begannen.

"Schaufensterpuppen haben heute Nacht einen Einbrecher in einem Gästehaus gestellt", sagte der Sprecher.

"Na?", sagte Sabine.

"Rita, Rita, Rita", sagte Maria.

"Ich kann nichts dafür", sagte ich.

"Die Schaufensterpuppen, die mit Kleidungstücken aus der Kollektion einer in Grândola ansässigen deutschen Künstlerin bekleidet waren, haben den Einbrecher so verschreckt, dass er einen Nervenzusammenbruch bekam. Er konnte festgenommen und nach Grândola gebracht werden."

"Das nennst du eine gute Besprechung deiner Ausstellung?", sagte ich zu Sabine.

"Es kommt gar nicht darauf an, was sie sagen", sagte Sabine. "Es kommt darauf an überhaupt wahrgenommen zu werden. Jede Kritik ist eine gute Kritik."

Wir standen auf und gingen ins Brunnenzimmer. Maria blieb in der Küche mit dem Frühstücksgeschirr und schüttelte weiterhin in Abständen den Kopf. Sabine fing an die Schaufensterpuppen auszuziehen. Sie legte die Kleider – wir wollen sie mal der Einfachheit halber so nennen – zusammen und legte sie in große Pappkartons. Dann fiel ihr Blick auf den Leinenbeutel, er hing über einer Schaufensterpuppe. Wer hatte ihn eigentlich dahin gehängt? Sie nahm den Leinenbeutel. Sie las die Aufschrift: Rettet den Regenwald. Dann griff sie in den Leinenbeutel und zog den Vibrator raus.

“Mmhhh”, sagte Sabine. “Ich bin ein offener Mensch, ich suche immer nach Zeichen. Ich bin sehr offen für Zeichen. Aber das hier? Was hat das zu bedeuten?”

Sie sah auf den Leinenbeutel. Sie las die Aufschrift. Sie sah auf den Vibrator.

“Was will mir das Schicksal damit sagen? Rettet den Regenwald und ein Vibrator?”

“Ich weiß nicht”, sagte ich. “Keine Ahnung. Du bist die Künstlerin, du wirst es herausfinden.”

Die Amillarsphäre – Navi des 15. Jahrhunderts

Auf der Suche nach Portugal

Die Sonne steht hoch am Himmel und die Hitze ist unerträglich. Die Leute stehen geduldig in der Schlange. (Die meisten ohne Sonnenhut, aber darum geht es hier nicht.) Was mag es da vorne geben? Wofür lohnt es sich, eine Stunde oder länger in der Hitze zu brüten?

Um Weintrauben oder Apfelsinen wie früher in der DDR kann es hier nicht gehen. Trauben wachsen uns hier in Portugal in den Mund, sozusagen, jedenfalls im September-Oktober. Und Apfelsinen werden es auch nicht sein, denn die super-süßen Laranjas do Algarve werden hier säckeweise für ein paar Euro am Straßenrand angeboten. Was also ist es dann?

„Heinz, stell dich nach hinten, sonst sieht man wieder nur deinen dicken Bauch", sagt die Frau zu ihrem Mann, während sie die Familie vor dem Hintergrund des Palácio da Pena in Sintra vor ihre Kamera sortiert. Eine ästhetische Maßnahme, die im Interesse der Fotogestaltung in Heinzes Bierbauch-Fall irgendwie gerechtfertigt ist, aber gleichzeitig einen eher deprimierenden Blick in diese Ehe erlaubt.

Heinz schiebt seinen Bauch hinter eins der Kinder und das Foto ist im digitalen Kasten. Vom Palácio da Pena geht es zum Palácio Nacional. (Auch dort eine lange Schlange. Aber davon lässt sich Familie Heinz & Co nicht entmutigen.) Nach einer Woche haben sie alles gesehen, was es zu sehen gibt. Portugal? Da waren sie. Die Algarve? Kennen sie.

Das Castelo in Silves? Check

Die zerklüfteten Felsen am Strand von Albufeira? Check

Die bunten Fischerboote in Portimão? Check

Als Checkliste empfehlen sich übrigens Postkarten. Entweder für einzelne Orte oder auch gleich fürs ganze Land. Meine in Sintra erstandene Portugal-Symbole-Postkarte zeigt eine Heiligenfigur, den Hahn von Barcelos, ein Glas Wein, sechs Sardinen, eine

Guitarra Portuguesa und ein Topf Manjerico. Das ist ziemlich einfach abzuhaken.

Für die Heiligenfigur wird eine imposante gotische Kathedrale aus dem 12. Jahrhundert besichtigt. Der Hahn wird als Postkarte an zehn Verwandte und Freunde verschickt oder als Schlüsselanhänger-Mitbringsel verschenkt. Mit ein paar Fadosongs ist dem Symbol der portugiesischen Gitarre genüge getan. Die Anzahl von Gläsern Wein und Sardinen kann man nach Lust und Laune variieren (notfalls tun es auch sechs Gläser Wein und eine Sardine.) Und der Manjerico? Da es sich um Zier-Basilikum im Juni handelt – einfach ein Foto machen. Mit oder ohne Heinz.

Das alles zusammen ist also Portugal.

Einerseits.

„Não há problemas", sagen die beiden Verkäuferinnen im Algarve-Shopping beim Umtausch des Computerkabels, nachdem sie so viel Hin und Her mit der Rückerstattung gemacht haben, dass keiner mehr durchblickt. Nicht mal sie selber. Es wird mich zwei weitere Trips ins Einkaufszentrum und zähes Verhandeln kosten, bis das Geld wieder bei mir auf dem Konto ist.

In einem „Restaurante Típico" nehmen sie mir für eine kleine Flasche Vinho Verde und einen Kaffee neun Euro ab und ich bin zu doof, mich zu wehren.

Der Handwerker repariert mit einem Hammer meinen Sicherungskasten. Erfolgreich.

Auch das ist Portugal. Denn Portugal ist nämlich noch sehr viel mehr als die gelbe Straßenbahn der Linie 28, Fado-Gesang und Azulejos an den Wänden.

Wie wäre es mal mit dieser Checkliste?

Ziellos ohne Reiseführer durch die Gassen laufen, ohne eine Sehenswürdigkeit aufzusuchen.

An einem kühlen Morgen in einem Café in einem kleinen Ort sitzen und zusehen, wie das Dorf langsam zum Leben erwacht.

Und einen großen Bogen um alles machen, wofür man in einer Schlange anstehen muss.

Escolha, amor!

Ruft mir die Marktfrau zu, als ich einen Blick auf die 5-Euro-Pullover dubioser Herkunft werfe. Allerdings in Farbe und Qualität durchaus akzeptabel. Der dunkelblaue hier ist sogar richtig schön. Wie immer gibt es auch 3 Paar Pantoffeln für 5 Euro. Aber warum, fragt mich Mike, soll jemand gleich DREI Paar Pantoffeln kaufen?

Ach, was habe ich schon alles auf diesen Märkten gefunden! Pflanzen & Samen, Socken & Unterhosen, Mehlsiebe & Brenneisen für den Zucker auf der Leite Creme.

Auf diesen wunderbaren Feiras, die es hier in Portugal überall gibt. Einmal in der Woche, alle zwei Wochen, einmal im Monat. Immer an festen Tagen, die manchmal einfach zu merken sind wie segunda Segunda-feira (zweiter Montag im Monat) und manchmal eine Regel haben, bei der man jedes Mal rechnen muss: Feira ist an jedem Montag, der zwischen dem 15. und 22. des Monats liegt. Ja – nicht wahr? Da überlegt man erst mal ... Meine Nachbarin war übrigens genial darin, sie wusste immer sofort, wann der entscheidende Markt-Montag war.

Lange Zeit war der Blazer aus cremefarbenem Leinen, den ich vor vielen Jahren für 2500 Escudos erstanden hatte, mein bestes Kleidungsstück. Mmmhhh – ich merke gerade, dass das kein wirkliches Kriterium ist, es könnte ja auch bedeuten, dass meine anderen Kleidungsstücke, und ganz besonders in Anbetracht der Tatsache, dass die oft auf Feiras erstanden wurden, also – äh – was ich damit sagen will, ist: Dieser Leinenblazer sah echt schick aus. Er war nicht nur aus Leinen, er war sogar in Italien hergestellt! (Auf die Etiketten kann man natürlich viel schreiben, das ist auch mir klar. Ob der wirklich aus Italien kam? Aber aus Leinen war er, da bin ich sicher, schließlich habe ich Textilkunde studiert.)

Escolha, amor!, fordert sie mich auf. Wähle, Liebes. Da fühlt man sich doch gleich richtig gut. Genauso wie wenn die Frau am Schalter sagt: Das Rezept ist für die Menina. Fühle ich mich auch gut. Obwohl es ja eigentlich so was wie Fräulein bedeutet, und was haben wir uns damals dagegen gewehrt. Fräulen – das hatte so etwas Abwertendes und Altmodisches. Aber Menina – das klingt irgendwie gut.

Ich gehe auch gerne in das Restaurant, wo mich die Bedienung immer Princesa nennt. Sie sagt bom dia, princesa und está tudo bem, princesa und strahlt mich mit ihrem Lächeln an. Ich habe es einem Freund erzählt, der hat nur gelacht. Dabei fühlt sich doch jede Frau gerne mal als Prinzessin bei ihrem Ritter. Nur so ist doch der Erfolg der Sonntagabend-TV-Schmonzetten zu erklären! (Und mittlerweile stehen wir Frauen ja auch dazu, dass wir das sehen. Und ziemlich viele Männer sehen das mit. Unfreiwillig natürlich, ist ja klar.)

irgendwo & überall – Gasse in der Kleinstadt

Escolha amor! Wenn man das Komma weglässt, dann ist es sogar noch schöner. Wähle die Liebe!

Und Liebe ist ja eng verbunden mit Leidenschaft, und es heißt doch heute immer, man soll alles mit Leidenschaft machen, was man tut. Und vielleicht ist es das, was Portugal ausmacht, die Liebe und die Leidenschaft und deswegen wird Portugal plötzlich von allen entdeckt und ist der Renner im Tourismusgeschäft.

„Lissabon! Die Stadt (...) berührt euer Herz bereits nach den ersten Atemzügen", schreibt die Huffington Post.

Der Fado – Saudade, Sehnsucht und Leidenschaft.

Pastéis de Nata – die Puddingtörtchen, für die alle schwärmen.

Café – Espresso trinken in den Cafés und Pastelarias an jeder Ecke.

Escolha amor, ich lasse das Komma weg, und nehme die Worte als mein neues Motto: Wähle die Liebe – und der blaue Pullover vom Markt wird mich immer daran erinnern.

Fusion Fado

Passa ligeira, alegre e namoradeira,

E a sorrir p´rá rua inteira, vai semeando ilusões

Da geht sie, die Zitronen-Rosa, und sät dabei fröhlich flirtend mit ihrem Lächeln in der ganzen Straße Illusionen ...

Das ist jetzt natürlich kein „Fusion Fado".

Aber „A Rosinha dos Limões" ist ein wunderbarer Fado, der von vielen (un)bekannten Fadosängern gesungen wurde und immer noch wird. (Sogar ich kann ihn auf dem Akkordeon spielen! Noch besser natürlich, wenn ich mal wieder üben würde.) Es ist die Geschichte eines Mannes, der jeden Tag von seinem Fenster aus sieht, wie die Zitronen-Rosa ihre Zitronen zum Markt trägt, um sie dort zu verkaufen. Er sieht ihr bewundernd nach – da geht die Süße, jeden Tag hübscher, und ihr Kleidchen sieht immer sonntäglich aus:

Lá vai catita, cada dia mais bonita
E o seu vestido, de chita, tem sempre um ar domingueiro

Fusion Fado dagegen ist neumodischer Kram. Die neue Zeit bringt ja die erstaunlichsten Dinge hervor. Dinge, die man sich noch vor einiger Zeit nicht mal vorstellen konnte. Oder wer hätte je gedacht, dass es in Alcoutim mal ein „Festival do Contrabando" geben würde, also ein Schmuggel-Festival. Um das Schmuggeln in den vergangenen Zeiten zu würdigen! Früher gab das Ärger, heute ein Festival. Dafür half einem früher der Dorfpolizist auf das Moped, wenn man zu betrunken war, um selber aufzusteigen, während heutzutage eine strenge 0,5 Promille Grenze gilt.

So ändern sich die Zeiten...

Jetzt checken wir unsere Lebensmittel an der Kasse selber aus. Zahlen mit einer Plastikkarte am Bankautomat Versicherungen und Steuern. Buchen den Arzttermin im Gesundheitszentrum im Internet.

Früher (vor 30 Jahren) war das Buchen eines Arzttermins ein richtiger Angang. Da gab es fünfmal so viele Patienten wie Termine und so stellte sich ein gesundes Familienmitglied morgens um fünf vor dem Casa do Povo an, um einen Termin für das kranke Familienmitglied zu bekommen.

Früher (vor acht Jahren) sagte der alte Orthopäde zu dem jungen Orthopäden angesichts der geplanten OP für meinen gebrochenen Arm missbilligend: „OP? Was heißt hier OP? Früher tat man den Arm in eine Schlinge und dann hing der sich aus." Heute schickt man mich wegen des gebrochenen Handgelenks nach Abnahme der Gipsschiene drei Wochen zur Physiotherapie, von Montag bis Freitag, jeden Tag eine Stunde.

Hier in Portugal rast die Zeit manchmal geradezu mit Lichtgeschwindigkeit.

Da singt die Jazzsängerin Maria João ihre „Songs for Shakespeare" mit den Begleitinstrumenten Keyboard und Computer. Der „Coro Mozart" lässt sich vom Tablett begleiten und Rodrigo Leãos Mann am Mischpult taucht die Kathedrale in ein buntes Lichtspiel.

Der Coimbra-Fado ist nicht mehr nur den Männern vorbehalten, auch wenn viele Frauen das nach wie vor wollen. Hat ja was, wenn der Mann der Frau ein Ständchen bringt. Und obendrauf wird der von sehnsüchtiger Liebe bestimmte Coimbra-Fado mit dem von trauriger Sehnsucht bestimmten Lissabonner-Fado gekreuzt. Ergebnis „Fado Cruzado".

Und da die Grenzen ja nun mal gefallen sind (siehe oben – kein Schmuggel mehr – Rio Guadiana offen) werden auch Fado und Flamenco fusioniert. Ergebnis „Fusion Fado". Klingt übrigens super.

Fusion Fado, Fado Cruzado, die Zitronen-Rosa, das „Festival do Contrabando", alt und neu, fusioniert und gekreuzt – egal. Machen wir es doch wie Rosinha:

Passamos ligeiros, alegres e namoradeiros,

E a sorrir p´rá rua inteira, vamos semeando ilusões

Das hat doch was, oder?

PS: gerade entdeckt – „A Rosinha dos Limões" gibt es jetzt auch als Fusion Fado!

Saudade und Coimbra-Fado im Restaurant „O Trovador", Coimbra

Träum weiter, Julia

Sehen Sie, das ist der Nachteil von Zimmer neun, es hat diese dünnen Vorhänge. Am Tag sehen sie gut aus, aber nachts, wenn im Zimmer Licht ist, kann man ziemlich viel sehen. So wie bei einem Scherenschnitt, wenn Sie verstehen, was ich meine.

Ich habe sogar Gerda mal dabei beobachtet, wie sie diesen brasilianischen Tänzer beobachtet hat. Marcelo als Scherenschnitt. Marcelo mit dem Knackarsch. Marcelo, der alle Frauen verrückt macht, selbst Gerda offensichtlich. Lesbisch hin, lesbisch her. Und deswegen brachte sie hier immer die attraktiven Gäste unter, das konnte doch kein Zufall sein. Jetzt wohnte eine junge Frau in dem Zimmer. Julia. Die schöne Julia. Schön und unglücklich. Denn es sah irgendwie so aus, als ob sie sich einen Revolver an den Kopf hielt.

Wir sind natürlich dagegen, dass unsere Gäste sich umbringen. Und zwar auch dann, wenn sie schon im Voraus bezahlt haben. Eine Leiche bringt einfach immer viele Scherereien mit sich. Polizei im Haus. Bürokratischer Aufwand. Bei Ausländern noch die Botschaft. Da werden die anderen Gäste unruhig. Das schlägt auf die Stimmung. Es heißt, man soll die Leiche zur Hintertür hinausbringen, ganz diskret, so haben wir das im Hotelseminar gelernt. Aber wir haben hier gar keine richtige Hintertür. Wir sind ja aber auch kein richtiges Hotel. Wir sind ein Gästehaus.

"Revolver oder Pistole", sagte David, der um die Ecke kam und sich neben mich stellte.

"Es könnte auch etwas ganz anderes sein", sagte ich.

"Und was?", sagte David.

"Eine Schauspielerin, die für ihre Rolle übt, zum Beispiel", sagte ich. "So wie diese Freundin von diesem Psychologen in diesem Film. Wo Demi Moore blond ist."

"Demi Moore blond?", sagte David.

"In ´Ghost`", sagte Gerda, die plötzlich auch neben uns stand.

"Nein", sagte David, "in ´Ghost` ist sie dunkel, dunkle kurze Haare, sieht total cool aus."

Sieh an, sieh an, David findet also Demi Moore cool, wer hätte das gedacht.

"In `Die Frau des Schlachters`", sagte ich. "Jetzt fällt es mir wieder ein, so heißt der Film … und die Schauspielerin fuchtelt da mit dieser Waffe rum, ich glaube, es ist ein Gewehr …"

"Es ist vermutlich völlig harmlos", sagte Gerda.

"Es kann alles mögliche sein", sagte Ulla.

Wir waren jetzt schon zu viert und starrten durch die dünnen Vorhänge.

Und Julia immer noch als Scherenschnitt mit irgendwas am Kopf.

"Hast du den Voucher?", sagte Gerda zu Ulla.

Voucher sind diese Papierstücke, die die Gäste bei uns abgeben, wenn sie über die Reiseagentur gebucht haben. Da kriegen wir dann unser Geld. Später, wenn wir den Voucher einschicken.

"Nein", sagte Ulla, "ich habe ihn nicht, ich dachte, dass Rita …"

Jetzt sahen sie beide mich an. Ich hatte doch diesen blöden Voucher total vergessen, beim Einchecken.

"Ich bin schon auf dem Weg nach Hause", sagte ich und sah auf die Uhr, "ja, ich müsste eigentlich schon längst längst zu Hause sein."

Die Beiden sahen mich weiter an. Ich wollte sagen, schicken Sie doch David und sah mich um, aber David war weg. Von oben, aus seiner Hütte, hörte man leise den dumpfen Schlag seiner Trommel. Er sollte ja eigentlich nicht trommeln, nicht hier auf dem Grundstück und schon gar nicht abends, aber im Moment achtete niemand weiter drauf.

Gerda und Ulla sahen mich weiter an. Es war der Blick des Arbeitgebers, und er machte mir klar: Sie sind meine Vorgesetzten und ich tue besser, was sie sagen, wenn ich auch weiterhin einen Job haben möchte, wo ich tun kann, was sie sagen.

“Und wenn es gefährlich ist?”, sagte ich.
“Ach was“, sagte Ulla. “Das ist keine Waffe.”
“Und wenn es doch eine ist?“, sagte ich.
“Wer sich selber umbringt, bringt keinen anderen um”, sagte Gerda.
“Wir können doch nicht schon wieder die Polizei holen”, sagte Ulla.
“Wir geben Rückendeckung”, sagte Gerda.

Ich ging also zu Zimmer neun und klopfte an die Tür. Nichts passierte. Von oben der Ton der Trommel. Bum bumm bumm. Bum bumm bumm.

Im Fenster weiterhin die Silhouette der verzweifelten Julia. Vielleicht von einem treulosen Romeo betrogen. Ich klopfte noch mal. Ich sah, dass Julia die Hand senkte und zur Tür kam. Sie öffnete die Tür.

Sie zog mich ins Zimmer und machte die Tür wieder zu. Den Revolver hielt sie jetzt auf mich gerichtet. Von wegen harmlos. Erstaunlich, wer heutzutage so alles mit einer Waffe rumlief. Ich versuchte die Nerven zu behalten. Ich hatte mal gelesen, dass man Sachen nicht versuchen soll, sondern entweder tun oder nicht tun, aber beim Nerven behalten ist das schwierig. Ich konnte es wirklich nur versuchen. Merkwürdig, was einem in so einer Situation für Sachen durch den Kopf gehen.

“Ich brauche den Voucher”, sagte ich. “Wenn Sie so nett sein würden, und mir den Voucher geben könnten.”

Julia sah mich an. Ihr Gesicht war nass von Tränen.

“Das ist alles, was Sie interessiert, nicht wahr?”, sagte Julia. “Sie wollen den Voucher, damit Sie auf jeden Fall Ihr Geld kriegen, nicht wahr?”

“Nein”, sagte ich. “So ist es nicht.“

“Und wie ist es denn dann?”, sagte Julia.

“Der Voucher ist beim Einchecken abzugeben”, sagte ich. “Regel des Hauses.”

“Ja dann hätten Sie ihn ja beim Einchecken verlangen können”, sagte Julia und hielt weiter die Waffe auf mich gerichtet. “Warum also jetzt?”

“Weil … “, sagte ich.

Ich wusste nicht so recht, was ich sagen sollte. Ich sah zum Fenster. Ich stellte fest: Man konnte nicht raus sehen. Trotz der dünnen Vorhänge. Man konnte also nur reinsehen. Standen Ulla und Gerda noch da draußen? Schätzten sie die Lage richtig ein?? Unternahmen sie irgendwas???

“Hören Sie”, sagte ich. “Das Ganze ist doch irgendwie doof. Ich bin hier nur das Zimmermädchen. Was wollen Sie von mir?”

“Ich will nichts von Ihnen”, sagte Julia. “Sie wollen was von mir.”

Stimmte. Den Voucher. Und zwar bald. Und ohne Loch im Kopf.

“Kennen Sie Vasco Lopes?,” fragte Julia.

“Ja”, sagte ich. “Natürlich. Jeder kennt Vasco Lopes. Er ist ein bekannter Maler.”

“Das meine ich nicht”, sagte Julia. “Ich möchte wissen, ob er hier ab und zu wohnt.”

“Ja“, sagte ich.

“Bringt er Frauen mit?”, fragte Julia.

“Sie wollen sich wegen Vasco Lopes umbringen?”, fragte ich.

“Nein”, sagte Julia, “nein, nein. Ich würde mich nie wegen eines Mannes umbringen. Nicht wegen der Beziehung zu einem Mann jedenfalls. Das sind die Männer nicht wert. Nicht mal Lopes. Obwohl – wenn es einen Mann gebe, für den es sich lohnt, dann wäre es vielleicht der Vasco.”

“Was ist denn so besonders an ihm?”, fragte ich.

Ich fand, ich war jetzt richtig gut im `Versuchen, die Nerven zu behalten`. Unter den gegebenen Umständen. Mit dem Blick auf den Revolver. Immer noch auf mich gerichtet, übrigens.

“Er ist ein absolut fantastischer Liebhaber”, sagte Julia. “Ich glaube, deutlicher muss ich nicht werden, Sie können sich das ja bestimmt vorstellen.”

Ich wünschte ich könnte. Aber so recht konnte ich nicht. Das hing nicht nur damit zusammen, dass Lopes nicht wie ein Don Juan wirkte. Es war auch so, dass sich mein eigenes Liebesleben hauptsächlich im Hollywoodfilm abspielte. Jedenfalls meistens. Als Voyeurin. Oder heißt es Voyeuse? Und da wurde ja immer ausgeblendet, wenn es denn so richtig zur Sache ging.

"Was ist es dann?", fragte ich.

Julia nahm eine Mappe, die auf dem Tisch lag und gab sie mir. Es war ein – wie hießen diese Mappen noch? – na eben eine Mappe mit lauter Bildern von Bildern drin. In diesem Fall: gesammelte Scheußlichkeiten.

Ich hoffte, dass ich meine Gesichtszüge unter Kontrolle hatte, denn es sprach ja viel dafür, dass diese Werke die Werke der schönen Julia waren. Wollte Julia sich umbringen, weil ihre Bilder so furchtbar waren? Geradezu verständlich. Ich gab ihr die Mappe zurück.

"Nein", sagte Julia. "Sehen Sie sich die Bilder in aller Ruhe an. Richtig. Ich möchte, dass Sie sich Zeit nehmen."

Ich nahm mir Zeit. Eigentlich wollte ich längst zu Hause sein. In Antonios Café eine Bica trinken. Paula anrufen und ein bisschen klatschen. Einen Hollywoodfilm sehen. Wenn möglich mit einer Liebesszene. Was mich wieder zu Julia und Vascos Fähigkeiten als fantastischer Liebhaber brachte, die ich mir einerseits vorstellen wollte und dann auch wieder lieber nicht.

"Na", sagte Julia. "Wie finden Sie die Bilder?"

"Sehr interessant", sagte ich. "Sind die Bilder von Ihnen?"

Julia nickte.

Ich blätterte weiter. Und weiter. Und weiter. Ein Bild war scheußlicher als das andere. Ich bin keine Kunstkennerin. Ich besitze einen Original-Lopes, erstaunlicherweise und irgendwie durch Zufall, sozusagen, und ich kenne Sabine Klein, diese Mixed-Media-Künstlerin in Grândola, und die Sachen sind schon sehr witzig, meistens, und gefallen mir auch, irgendwie, aber das ist es auch schon. Konnte schon sein, dass diese Bilder hier wirklich gut waren. Für mich waren sie einfach nur hässlich. Folter fürs Auge. Absolut schrecklich.

"Sehr schön", sagte ich und versuchte überzeugt auszusehen.

"Sie finden sie wirklich schön", sagte Julia. "Ganz ehrlich?"

"Aber ja", sagte ich und glaubte fest daran, dass nichts von dem stimmte, was man übers Lügen sagte. Sie wissen schon, diese Sachen wie Lügen haben kurze Beine oder machen eine lange Nase.

"Sie sind wirklich wunderbar", sagte ich.

"Ja, nicht wahr", sagte Julia. "Und nun sehen Sie sich das hier an."

Sie gab mir ein Heft. Die Beilage vom Expresso. Größte Wochenzeitung Portugals. Eher intellektuell. Mit Veranstaltungen und Besprechungen. In diesem Fall eine Besprechung von Julias Bildern in der Galeria Blue Moon in der Baixa von Porto. Die Besprechung war von Vasco Lopes und sie war vernichtend. Er sagte das, was ich von den Bildern dachte. In klaren Worten.

"Er ist Ihr Liebhaber und er schreibt so eine Besprechung über Ihre Bilder?", sagte ich.

"So ist es", sagte Julia.

Sie drehte den Revolver und hielt ihn wieder an ihren Kopf.

"Nein", sagte ich. "Tun Sie es nicht."

"Ich dachte, Sie verstehen mich jetzt", sagte Julia. "Nachdem ich Ihnen alles so ausführlich erklärt habe."

"Tue ich ja auch", sagte ich.

"Dann gehen Sie jetzt aus dem Zimmer und lassen Sie mich tun, was ich tun muss", sagte Julia.

Ich wartete. Ich meine, was sollte ich machen? Ich wusste es einfach nicht. Es gibt Situationen, auf die bereitet einen die Ausbildung nicht vor. Sie bringen einem bei, was man mit der Leiche macht. Aber sie bringen einem nicht bei, was man vorher macht, solange die zukünftige Leiche noch lebt. Um zu verhindern, dass sie eine wird.

"Stimmt", sagte Julia plötzlich. "Sie brauchen ja noch den Voucher."

Sie zeigte auf ihre Handtasche, die über dem Stuhl hing.

“Da”, sagte sie. “Bedienen Sie sich. Nehmen Sie den Voucher und verschwinden Sie. Das ist es doch, was Sie von Anfang an wollten.”

Ich zögerte.

“Na gut”, sagte Julia.

Sie drückte mir den Revolver in die Hand und nahm ihre Handtasche. Sie wühlte ein bisschen drin rum und noch ehe sie den Voucher rausziehen konnte, wurde die Tür aufgerissen.

“Waffe fallenlassen”, sagte die Polizistin und zielte mit ihrer Waffe auf mich. Ich ließ den Revolver fallen. Oder war es doch eine Pistole?

“Hände hoch”, sagte die Polizistin und da erkannte ich sie. Es war Sofia Costa. Ein ziemlich gemeines Biest. Hart wie ein Nagel. Schon als Jugendliche. Wir waren mal zusammen zur Schule gegangen. In Grândola. In der zwölften Klasse. Ich hatte ihr mal den Freund ausgespannt. Ich konnte ja nicht wissen, dass sie Jahre später mit einer Waffe auf mich zielen würde. Hinter ihr stand ein zweiter Polizist und gab ihr Deckung. Wie im Film.

“Hör mal, Sofia”, sagte ich. “Das ist hier nicht so, wie du denkst. Die Frau dort hat mich bedroht.”

“Womit”, sagte Sofia. “Mit ihrer Handtasche?”

“Nein, mit dieser Waffe”, sagte ich und zeigte auf den Revolver am Boden.

“Sie hat dich mit einer Waffe bedroht, die du in der Hand hältst???”, sagte Sofia. “Wie für doof hältst du mich eigentlich?”

Ich sah ein, dass der Anschein gegen mich sprach, irgendwie. Ich sah zu Julia.

“Jetzt sagen Sie doch mal was”, sagte ich.

Ich meine, ich hatte mich den ganzen Abend über doch sehr kooperativ verhalten, oder? Julia zog den Voucher aus ihrer Handtasche, legte ihn auf den Tisch und drehte sich dann zu der Polizistin.

“Da sehen Sie mal, mit was für Methoden hier kassiert wird”, sagte sie. Das Gesicht eines Engels und das Herz einer Lügnerin.

“Die Waffe gehört mir nicht”, sagte ich. “Sie gehört dieser Frau hier.” Ich zeigte auf Julia. Julia und Sofia sahen mich mitleidig an. Sofias Kollege grinste.

“Sie ist eine Lügnerin”, sagte Julia. “Das ist doch ganz offensichtlich. Bei meinen Bildern hat sie auch gelogen. Warum sollte ich das Mädel mit der Waffe bedrohen? Ich weiß gar nicht, wie man mit so einer Waffe umgeht. Ich habe auch gar keinen Waffenschein.”

“Und”, sagte Sofia jetzt zu mir. “Was ist mir dir? Hast du einen Waffenschein?”

“Nein”, sagte ich.

“Leugnest du, dass du diese Waffe in der Hand hattest, als ich das Zimmer betrat?”

“Nein”, sagte ich.

Wer hatte hier eigentlich die Polizei gerufen? Vermutlich doch Ulla oder Gerda. Aber warum waren sie jetzt nicht hier um mich zu retten? Da kamen sie endlich.

“Tut mir leid”, sagte Ulla zu der Polizistin. “Wir haben gar nicht mitgekriegt, dass Sie schon hier sind.”

“Und es ist in der Tat so”, sagte Gerda. “Diese Frau dort hatte die Waffe zuerst.”

Sie zeigte auf Julia.

“Deswegen haben wir sie ja gerufen, nicht wahr”, sagte Ulla.

“Tut mir leid“, sagte Sofia. “Ihre Aussage zählt nicht. Rita ist Ihre Angestellte. Sie sind befangen. Ich nehme Rita jetzt mit.”

Und dann legte sie mir doch tatsächlich Handschellen an.

“Sofia, was soll das denn”, sagte ich.

“Du hast mir in der zwölften Klasse meinen Freund ausgespannt”, sagte Sofia.

“Das ist nicht strafbar”, sagte ich.

“Nein”, sagte Sofia. “Leider nicht. Aber illegaler Waffenbesitz ist strafbar. Glücklicherweise.”

Sofia zog einen Plastikhandschuh aus der Uniformtasche und

hob die Waffe auf. Dann steckte sie die Waffe ein und zog mich hinter sich her, in dieses Polizeiauto, das sie vorne geparkt hatten. Und dann brachten sie mich nach Grândola. Mit Blaulicht.

In Grândola brachten sie mich in die Wache. Hinter dem Schreibtisch saß Carlos. Carlito, wie wir ihn damals nannten. Ich war vor ein paar Jahren ein paar Mal mit ihm ausgegangen, aber dann war es irgendwie im Sande verlaufen. Er war ein netter Typ, aber nicht gerade ein Vasco Lopes im Bett, wenn Sie verstehen, was ich meine.

"Vorläufig festgenommen wegen illegalem Waffenbesitz", sagte Sofia Costa.

"Ist schon erstaunlich, wer heutzutage alles mit einer Waffe rumläuft", sagte der andere Polizist.

"Ritinha", sagte Carlos. "Was machst du nur für Sachen?"

"Es ist ein Missverständnis", sagte ich.

"Das sagen sie alle", sagte Carlos. "Und ich kann´s wirklich nicht mehr hören."

Dann fing er an ein Formular auszufüllen.

"Tut mir leid, wir müssen dich hier behalten", sagte er.

Er legte mir das Formular zum Unterschreiben hin. Ich unterschrieb und dann brachte er mich in den Raum, den sie hier für die Nacht als provisorische Zelle benutzten. Es gab eine Liege und eine Decke. Und es war sogar frisch gestrichen. Aber es war ein Gitter vor dem Fenster. Ich lag auf der Pritsche und wusste nicht so recht, wie mir geschah. Plötzlich standen Gerda und Ulla im Zimmer.

"Tut mir leid, dass wir jetzt erst kommen", sagte Ulla.

"Wir haben versucht, mit diesem Beamten da draußen zu reden", sagte Gerda.

"Aber irgendwie kann er nichts tun", sagte Ulla.

Ich merkte, wie mir die Tränen in die Augen stiegen. Und ich musste schniefen.

"Na na", sagte Gerda. "Wird schon werden."

"Ganz bestimmt", sagte Ulla.

Ich nickte.

"Wie heißt es doch so schön", sagte Gerda. "Wird schon wern, sagt die Frau Dern. Bei der Frau Dorn ist's schließlich auch wieder gworn."

Und schwupps waren die beiden draußen.

Nach ein paar Minuten klopfte es wieder. Die Tür ging auf und David stellte einen Korb auf die Liege, abgedeckt mit einem Küchenhandtuch. Ich hob das Handtuch hoch. Pastéis de bacalhau, noch warm, und eine Flasche Kakao. Frische Tomaten, ein paar Feigen noch mit Blättern. Eine Tafel Schokolade. Und Pasteis de nata.

"Von Maria", sagte David. "Damit du uns hier nicht verhungerst. Und sie lässt dich grüßen. Und sie möchte wissen, wie du das wieder angestellt hast."

"Aber ich habe nichts angestellt", sagte ich. "Wirklich nicht."

Sofia steckte ihren Kopf zur Tür rein.

"Mmhh", sagte sie. "Frische Pasteis de nata. Meine Lieblingskuchen."

Ich sagte nichts. David sagte nichts.

"Tja", sagte Sofia. "Dann muss ich den Korb wohl beschlagnahmen. Man kann schließlich nie wissen, was unter den Feigenblättern versteckt ist, nicht wahr."

Ich sag´s ja. Hart wie ein Nagel. Gemeines Biest. Schon immer gewesen, die Sofia Costa.

"Dann nimm schon", sagte ich.

Sofia griff in den Korb, nahm ein paar Puddingtörtchen, ein paar Fischbällchen, die Tafel Schokolade, ein paar Feigen und ging wieder.

"Es heißt doch, jeder muss in seinem Leben ein paar Tage im Krankenhaus oder im Gefängnis verbringen", sagte David.

Manchmal frage ich mich wirklich, wo er so was her hat. Ich merkte, wie mir wieder die Tränen hochkamen.

"Und ist doch eine sehr interessante Erfahrung", sagte er. "Da kann man eine Menge lernen."

"Wir können ja tauschen", sagte ich.
"Tja", sagte David. "Ich muss dann wohl wieder."

Ich legte mich hin und versuchte zu schlafen. Aber es ging irgendwie nicht. Ich glaube, es war das Gitter vor dem Fenster. Ich fühlte mich irgendwie eingesperrt. Und mir wurde klar: Ich war eingesperrt. Ich öffnete die Tür. Sie war nicht abgeschlossen. Immerhin. Ich ging auf den Gang. Carlito hatte die Füße auf den Schreibtisch gelegt und las die Zeitung.

"Ich kann nicht schlafen," sagte ich.

"Stell dich nicht so an", sagte Carlito.

"Aber ich kann wirklich nicht schlafen", sagte ich. "Es geht einfach nicht."

"Okay", sagte Carlito. "Spielen wir Gin Rummy."

"Ich kenne die Regeln nicht", sagte ich.

"Die sind ganz einfach", sagte Carlito.

Ich holte den Korb mit dem Picknick. Carlito zog ein Kartenspiel aus der Schublade und erklärte mir die Regeln für Gin Rummy. Es war in der Tat ganz einfach. Und es machte ziemlich viel Spaß. Wir spielten dreimal bis hundertfünfzig Punkte und aßen den ganzen Picknickkorb leer. Er besorgte von irgendwoher ein paar Flaschen Bier. Ich gewann zweimal, und Carlos einmal. Und irgendwann war ich dann so müde, dass ich freiwillig in die Zelle ging. Ich legte mich hin und konnte sofort einschlafen. Trotz Gitter vor dem Fenster.

Am nächsten Morgen wurde ich früh geweckt. Ich machte die Augen auf. Maria stand vor mir.

"Hopp hopp", sagte Maria. "Aufstehen, anziehen und auf geht´s."

"Aber ich darf nicht gehen", sagte ich.

"Natürlich darfst du gehen", sagte Maria.

Sie ging vorweg. Ich ging hinterher.

Am Schreibtisch saß jetzt ein anderer Polizist. Ich musste wieder unterschreiben und dann standen wir draußen. Wir wollten gerade gehen, da kam der Polizist und drückte mir eine Tüte in die Hand.

Arménio war mit seinem kleinen Auto da. Wenn denn die Bezeichnung Auto für dieses Gefährt angebracht war. Eine Art eingelaufener Laster. Ein Mini-Baby-Laster. So was wie ein zu groß geratenes Märklin-Auto mit offiziellem Nummernschild. Das man mit Moped-Führerschein fahren durfte. Und das von der EU wahrscheinlich nur deswegen noch nicht verboten ist, weil die in der EU gar nicht wissen, dass es so was überhaupt gibt.

"Wie das?", fragte ich.

"Ach, es war eigentlich ganz einfach", sagte Maria. "Ich habe Deolinda angerufen, du weißt schon, meine Cousine in Comporta. Und die hat einen Schwager, der ist der Cousin vom Polizeichef. Wir haben ihm die Sache erklärt. Und er hat eingesehen, dass es sich um ein Missverständnis handelt."

"Das ist ja klasse", sagte ich.

"Und er bekommt ein paar Flaschen von Arménios Medronho", sagte Maria. Arménio macht einen ausgezeichneten Medronho. Sie kennen doch Medronho, oder? Diesen Schnaps aus Baumerdbeeren, den es nur hier in Portugal gibt? Es wird von Jahr zu Jahr schwieriger, ihn im Laden zu kaufen. Gibt es kaum noch. Und so guten Selbstgemachten schon gar nicht.

"Und du bist mir was schuldig", sagte Maria.

Ich nickte. Ich machte die Tüte auf. In der Tüte war der Revolver.

Jetzt war die Frage: Sollte ich die Waffe Julia zurückgeben oder lieber nicht? Sie gehörte ihr schließlich, nicht wahr. Auf der anderen Seite hatte ich wenig Lust, ihr die Waffe in die Hand zu drücken und das Ganze ging vielleicht von vorne los.

In der Küche gab es dann erst mal eine Tasse Kaffee. Und ein Brötchen mit Brombeermarmelade.

"Schön, dass Sie wieder hier sind", sagte Ulla.

"Da sind Sie ja", sagte Gerda.

Und es klang wirklich erfreut. Bestimmt einerseits, weil sie jetzt die Zimmer nicht selber saubermachen musste. Aber vielleicht nicht nur.

"Und", sagte David. "Wie war die Erfahrung?"

"Tja", sagte ich.

"Was gelernt fürs Leben?", fragte David.

"Manche Sünden bestraft der liebe Gott erst sehr viel später", sagte ich und dachte daran, wie ich Sofia mal den Freund ausgespannt hatte. In der zwölften Klasse.

"Das ist alles?", sagte David.

"Und die Regeln für Gin Rummy", sagte ich.

"Meu Deus", sagte Maria. "Meu Deus."

Und sie schüttelte eine ganze Weile ihren Kopf.

Ich entschloss mich, Julia den Revolver zurückzugeben. Ohne Kugeln. Ich ging zu Zimmer neun. Die Gardinen waren offen. Ich konnte durch das Fenster sehen, dass Julia am Tisch saß und zeichnete. Ich klopfte. Julia machte auf. In einem hellen Kleid. Die Haare offen. Sie sah wirklich gut aus.

"Ich habe den Voucher schon abgegeben", sagte Julia.

Ich gab ihr die Tüte. Sie nahm sie. Sie sah rein. Sie seufzte.

"Ach ja", sagte sie. "Die Waffe."

"Ohne Kugeln", sagte ich.

"Eines Tages", sagte Julia. "Eines Tages wird der Vasco einsehen, dass meine Bilder klasse sind. Und eine fantastische Kritik schreiben."

"Klar", sagte ich. "Bestimmt."

Und wissen Sie was? Das war nicht mal eine Lüge. Das glaubte ich wirklich. Träum ruhig weiter, Julia …

Haben Sie es schon bemerkt? Etwas fehlt ...

Eines Tages merkt man: Es ist weg. Man fragt sich: Wann ist es eigentlich verschwunden? Und wieso hat man es nicht schon längst bemerkt??

Etwas ist nämlich aus unserem Leben verschwunden. Und wenn Sie in Portugal wohnen oder hier öfter Urlaub machen, und Auto, Moped oder Motorrad fahren, dann ist es Ihnen wahrscheinlich auch schon aufgefallen. Denn jedes Fahrzeug muss ja mal in die Werkstatt. (Leider.)

Und so haben Sie es vermutlich auch schon gemerkt.

Etwas, das jahrzehntelang zum festen Bestandteil jeder portugiesischen Autowerkstatt gehörte, ist verschwunden. Kleiner Tipp: Es hing an der Wand. An allen Werkstattwänden. Von der Wand der großen unordentlichen Werkstatt unten am Hafen in Setúbal bis zur kleinen Autowerkstatt oben in den Bergen von Melides. Dort gab es keine Hebebühne, sondern die Autos wurden auf eine Art Schacht gefahren. Da stand der Mechaniker dann unter dem Auto, guckte nach oben und suchte den Schaden. Und wenn er Pech hatte, tropfte ihm das Öl direkt ins Gesicht.

Ich hatte mal einen alten Morris Marina (ja, das ist ein Auto.) Ein Zweisitzer mit Ladefläche und Geschwindigkeitsbegrenzung auf 80 km. Jetzt fahre ich schon lange keinen Morris Marina mehr (zum Glück!.) Und ich habe auch schon lange keinen mehr auf der Straße gesehen. Kein Wunder, mein Morris Marina war damals auch mehr in der Werkstatt als auf der Straße. Und wenn er auf der Straße war, landete er oft in der Werkstatt. Und zwar immer dann, wenn es morgens vor zehn Uhr und unter zehn Grad war. Dann blieb er nach zehn Kilometern stehen. In der Nähe der Werkstatt ohne Hebebühne oben in den Bergen.

Ich lief zu Fuß zur Werkstatt. Der Mechaniker kam und konnte den Schaden nicht finden. Und nach einer Weile sprang das Auto dann wieder an. Das war mein orangefarbener Morris Marina, für den man jedes Teil dreimal bestellen musste, weil die beiden ersten nie passten, denn das Auto lief mit einem Sammelsurium von Teilen. Ich sage nur: Scheibenwischermotor vom Lastwagen. Wer baut einen Scheibenwischermotor für Lastwagen in so einen PKW ein? Aber ich bin vom Thema abgekommen.

Und obwohl ich versucht habe, Sie abzulenken, sind Sie bestimmt mittlerweile darauf gekommen, was es früher in den Autowerkstätten gab. Und was heute fehlt.

Richtig.

Die Michelin-Kalender mit den halbnackten Frauen und den Reifen. Eine langhaarige Mieze – mit oder ohne BH – in Hotpants auf, über, in oder neben einem Reifen. Oder zwei Reifen. Oder drei. Diese Kalender hingen doch in jeder Werkstatt.

Werkstatt bedeutet hier: ein halbdunkler Raum. Eine Werkbank in der Ecke. Eine Sammlung Werkzeuge wie vom Sperrmüll. Und ein Mechaniker, dessen Ausbildung aus langer Erfahrung geprägt von viel Versuch und Irrtum bestand. Wie sagte die Friseuse über das Mädchen, das bei ihr den Boden fegte? Se tiver olhinho – wenn Sie ein gutes Auge hat – wird sie eines Tages auch Friseuse. So war es hier früher mit den Ausbildungsberufen. Dafür lief´s doch eigentlich richtig gut. Jedenfalls – die meisten Mechaniker hatten Olhino und Mãozinho und Jeitinho, und die Reparaturen gingen meist gut aus.

Und an jeder Wand hing der obligatorische Kalender. Wahrscheinlich fürs Olhinho. Was sage ich – ein Kalender? Mindestens! Die alten Kalender wurden nämlich nicht entsorgt, sie blieben an der Wand hängen. Manchmal einfach übereinander, an einem Nagel in der Wand. Manchmal nebeneinander, an vielen Nägeln in der Wand.

Mir war das ja immer ein bisschen peinlich. Man steht als Frau, also – äh – frau steht also in dieser Werkstatt, meist inmitten lauter Männer, und von der Wand guckt die halbnackte Reifenschönheit auf einen runter.

Aber wissen Sie was? Selbst das ist heute im Rückblick eine schöne Erinnerung. Damals genervt von der langen Wartezeit, heute eine Erinnerung an schöne Stunden.

Ich stehe in der Werkstatt in diesem kleinen Dorf im Alentejo, während Antonio den Betonmischer repariert, dessen Schaden er im Grunde selber mit verursacht hat. (Er hat uns den Betonmischer nach einer Überholung ohne Öl zurückgegeben / Einmal anlassen – und der Motor war hin / Wir sind über unseren deutschen Schatten gesprungen und haben uns nicht beschwert, und sind mit einer jahrelangen Freundschaft belohnt worden.)

Antonio erzählt aus der Vergangenheit und repariert dabei Betonmischer, Moped oder Auto im zeitlichen Verhältnis von 90 : 10. Eine Reparatur gewürzt mit Geschichten aus der alten Zeit und Anekdoten. Eine Reparatur mit einer Lehrstunde in politischer Ökonomie aus der Zeit der Diktatur. Ein Live-Bericht über die Zeit des Widerstands in den Jahren vor der Revolution.

Sah Antonio einen Widerspruch zwischen kommunistischer Lehre und halbnackten Frauen? Nein, natürlich nicht. Was sollte der Kommunismus gegen hübsche Frauen haben??

Und jetzt sitze ich im Hier und Jetzt in dieser Werkstatt, während mein Auto vier nagelneue Reifen bekommt (Mist, das wird teuer, wie bezahlen die Leute hier das alles? / Ein Rätsel in politischer Ökonomie, dieses Mal zeitgenössisch.) Es ist eine Halle. Großzügig. Hell. Gut ausgeleuchtet. Das Büro hat Glaswände. Die Autos sehen alle top aus. (Ein Morris Marina ist nicht dabei.) Die Angestellten tragen Uniform. An der Wand hängt Reklame für Autos. Und niemand erzählt mir Geschichten oder Anekdoten.

Und da fällt es mir plötzlich auf. Das, was fehlt.

Von einem Kalender mit aufreizend auf Reifen drapierten halbnackten Miezen ist in dieser Werkstatt der Neuzeit keine Spur. Ist das gut oder schlecht? Ehrliche Antwort – keine Ahnung.

Kaffee mit Tagesklatsch

A Arte do Desenrascanço

Wir alle bewundern die portugiesische Fähigkeit beziehungsweise Kunst des Desenrascanço. Kann man das lernen? Ja, ich denke schon. Bis zu einem gewissen Grad zumindest. Aber um das echte portugiesische Desenrascanço in seiner ganzen Dimension zu beherrschen, muss man wohl doch hier geboren sein. Wie jetzt? Sie wissen nicht, was „A Arte do Desenrascanço" ist? Na, dann wird es aber höchste Zeit!

Was haben Unterwäsche am Straßenrand, mein Blitzableiter und die portugiesische Steinsuppe miteinander zu tun? Sie beruhen alle auf dem gleichen Prinzip, dem Prinzip des „Desenrascar", des Improvisierens. Des Lösungen schaffen, ohne das eigentlich Nötige dafür zu haben, aber dafür mit viel Kreativität zu agieren. Das ist „Desenrascar". Hält vielleicht nicht für immer, ist dafür aber frei von Perfektion.

Und deswegen hängt am Ortseingang ein rosafarbener BH auf einer Wäscheleine am Straßenrand. Zusammen mit zehn unförmigen fleischfarbenen Unterhosen. Eine Frau hat offensichtlich keinen Platz für ihre Wäscheleine am Haus und hängt daher das Zeug zum Trocknen einfach an den Straßenrand, auf einer Wäscheleine, die sie in den öffentlichen Büschen spannt.

Deswegen zieht der Elektriker ein Kabel aus meinem Keller durch das Fenster in den Garten und befestigt es an einem Eisenstab im Boden. Das ist ab jetzt mein Blitzableiter. Das hätte ich eigentlich auch selber gekonnt. Aber ich bin natürlich nicht auf die Idee gekommen.

Und nach diesem Prinzip des Nutzens, was da ist und das Beste draus machen, funktioniert auch das Rezept der Steinsuppe. Ich denke mal, Sie haben von der Legende des Mönches gehört, der bei einem armen Bauernpaar um ein Nachtmahl bittet und da sie nichts im Haus haben, anbietet, eine Suppe aus einem Stein zu kochen. Selbst wenn Sie die Legende noch nicht kennen, können Sie sich jetzt sicher vorstellen, wie es weiter geht. Der Mönch gießt zunächst Wasser auf den Stein, dann bittet er um etwas Knoblauch, eine Zwiebel, und so weiter und so fort. Und zum Schluss noch etwas Speck oder Wurst und die Steinsuppe ist perfekt.

Ohne Desenrascar geht nichts in Portugal. In der Zeitschrift „Psychologie Heute“ würde das vermutlich so formuliert werden: Das Desenrascar ist eine Kernkompetenz der portugiesischen Lebensgestaltung. Und dank „Psychologie Heute“ weiß ich auch, dass ein Leben ohne Perfektionismus eindeutig gesünder ist.

Aber jetzt beginne ich, mir Sorgen zu machen. Ich frage mich, ob diese wunderbare Fähigkeit nicht vom Aussterben bedroht ist. Die Welt wird immer perfekter, auch hier in Portugal. Früher sind wir für ein anständiges Sortiment an Schrauben bis nach Lissabon gefahren, aber heute gibt es an jeder Ecke Läden, die Schrauben und Muttern in allen Größen anbieten. Die Zeiten, in denen Blumenkohl und Zwiebeln im Winter das einzige Gemüse waren, sind endgültig vorbei. Jetzt kann man sich ein Rezept aussuchen und dann entsprechend die Zutaten besorgen. Früher besorgte man erst die Zutaten und suchte dann ein entsprechendes Rezept. Wenn Desenrascar also so etwas wie ein Muskel ist, dann wird es verkümmern, weil es zunehmend weniger gebraucht wird. Oder ist es vielleicht doch eher eine Fähigkeit wie das Radfahren? Etwas, das man, wenn einmal gelernt, nie mehr vergisst?

Früher brach bei einem Stromausfall in Deutschland alles zusammen, während in Portugal alles seinen gewohnten Gang ging. Und jetzt? Wie wäre das jetzt? Jetzt wird mir klar: Der Strom fällt kaum noch aus. Und wenn er ausfällt, ist er sofort wieder da.

Was ist mit diesem Land passiert? Muss ich mir jetzt Sorgen machen, dass das gute alte Desenrascar überflüssig wird und in Vergessenheit gerät?

Aber zum Glück gibt es auch Hoffnungsschimmer. Der Techniker von der Telekom repariert zwei Tage lang meine Telefonleitung, aber es gelingt ihm nicht, den Wurm, der da drin sitzt, herauszuziehen. Dann ist Wochenende. Er bastelt es irgendwie zusammen, „para desenrascar“, damit ich am Wochenende Telefon und Internet habe. Das ist die gute alte Zeit. Aber dann sagt er, er will am Montag wiederkommen, und es richtig machen, damit es ist „como deve ser", wie es sich gehört. Das klingt schon sehr nach Perfektionismus und könnte eine echte Bedrohung für das Überleben des Desenrascar sein.

Dann wiederum neulich im Theater beim Konzert im Foyer. Eine Sängerin Anfang dreißig begleitet sich auf der Ukulele (ja, wie M. M. als Sugar in „Manche mögen´s heiß", genauso süß nur in schwarz statt blond.) Und plötzlich reißt eine Saite und sie hat keine Ersatzsaite dabei. Und einen kleinen Moment lang ist es ihr peinlich, und dann stellt sie einfach ihr iPhone aufs Piano, begleitet sich mit Musik aus dem iPhone und das Konzert ist gerettet.

Bin richtig froh, dass das passiert ist. Denn es zeigt: Das gute alte Desenrascar ist doch immer noch eine Kernkompetenz der portugiesischen Lebensgestaltung. Auch bei der jungen Generation. Und das moderne Equipment wird geschickt für zeitgemäße „Arte do Desenrascanço" genutzt.

Annas Gartentipps

Nein, es heißt nicht Anna´s Gartentipps. Und schon gar nicht Anna´s Gartentipp´s. Schließlich will ich hier ja keine Apostrophen-Katastrophen verursachen. Nichts liegt mir ferner. Und außerdem geht es hier nicht um Grammatik, sondern um Gärten.

Manchmal macht man ja im Ausland Sachen, von denen man nie gedacht hätte, dass man sie mal machen würde, solange man noch in Deutschland lebte. Und ich meine jetzt nicht etwas so Selbstverständliches wie aus Gefälligkeit eine Ikone über Nacht zu hüten oder mit Maria Luisa zu einer Gesundbeterin in den Bergen zu fahren. So etwas gehört einfach dazu, wenn man ein gutes Verhältnis zu seinen Nachbarn haben will. Nein, hier geht es um etwas, bei dem man frei entscheidet, ob man hingeht oder nicht.

Wie zum Beispiel den deutschen Stammtisch.

Jetzt mal ehrlich – wer von Ihnen hätte denn je gedacht, dass er mal zu einem deutschen Stammtisch gehen würde? Zu einem Deutschen-Treffen? Zu einem Treffen mit Menschen, mit denen man manchmal nur eins gemeinsam hat: Man ist Deutsche(r) und lebt in Portugal. Da sitzt man dann zusammen. Und kann deutsch reden.

Die Frage ist: worüber?

Jetzt sitzt man am Tisch mit jemandem, also wenn der in Deutschland der Nachbar wäre, also den würde man doch maximal grüßen und ein paar Worte übers Wetter wechseln. Und nun versucht man sich zu unterhalten. Was könnte beide interessieren? Himmel noch mal – da muss es doch was geben ...

Genau! Richtig!

Der liebe Garten.

Das ist immer ein dankbares Thema. Einen Garten hat fast jeder Resident. Sogar ich, die ich nicht die Gartenmaus beziehungsweise Gartenwühlmaus bin, und damit sind wir auch schon bei einem wichtigen Gartenthema.

WÜHLMÄUSE.

Und schon sind wir Leidensgenossen, mein Tischnachbar und ich.

Was macht man bloß gegen diese Wühlmäuse? Die blöden Viecher fressen die Wurzeln an, so dass man nur noch eine hohle Möhre ernten kann (die man ja im Grunde dann nicht mehr möchte.) Bienen geben Honig, können aber fies stechen. Und diese Schnecken! Sie sitzen auf den Blättern und fressen gnadenlos Löcher.

„Schnecken“, sagt mein Tischnachbar, „das ist einfach. Mit denen musst du reden.“

„Reden??“, Mike (der bei uns den Garten macht) und ich (die ich ihn nicht mache) staunen. (Wir fügen nicht hinzu: „Und über was, bitte schön?“)

„Man einigt sich mit den Schnecken“, sagt mein Tischnachbar. „Man zeigt ihnen einen Salatkopf – und den dürfen sie fressen.“

„Und das funktioniert?“, frage ich.

„Die Schnecken lassen dann die anderen Salatköpfe in Ruhe. So einfach ist das. Und alle sind zufrieden“, antwortet mein Tischnachbar.

Mike und ich sehen uns nicht an. Die skeptischen Blicke sparen wir uns für die Rückfahrt auf. Und einen Versuch ist es womöglich sogar wert, wer weiß ...

„Und was ist mit Wühlmäusen?“, frage ich. „Redet man mit denen auch?“

„Gegen Wühlmäuse“, sagt Doro, „also gegen Wühlmäuse hilft Camykaka.“

Mike und ich gucken verständnislos. Camy-was???

„Camy heißt mein Frettchen“, sagt Doro. „Seit ich das Frettchen habe, sind die Wühlmäuse weg, ich brauche nur ein bisschen – na ihr versteht schon – auszulegen.“

Am Ende des Stammtischs verabschieden wir uns. Doro verspricht uns zum nächsten Stammtisch ein Tütchen Camykaka.

Und hier sind sie nun, Annas Gartentipps für den Start ins Frühjahr, und nein, mein Gartentipp lautet nicht, wie von Mike sofort vermutet „Stell einen Gärtner ein“, sondern:

Bienen stechen nicht, wenn man man sich ihnen höflich vorstellt.

Schnecken lassen mit sich reden.

Und Wühlmäuse vertreibt man mit Camykaka.

Von Katzencafés, Frauenspeisekarten und dynamischen Verkehrsinformationssystemen

Na? Jetzt sind Sie stutzig geworden, oder? Schließlich geht es hier in der Kolumne für gewöhnlich um das Leben in Portugal. Aber Frauenspeisekarten und Katzencafés in Portugal?!?

Vielleicht haben Sie sogleich in Gedanken die Algarve von West nach Ost gescannt. Sind dann mental ins Hinterland gewandert, haben an Monchique und Moncarapacho gedacht. Sollte dort vielleicht jemand ein Katzencafé aufgemacht haben? Womöglich ein aus Köln (Ort des ersten Katzencafés) zugewanderter Zeitgenosse? Oder ein englischer Resident? Engländer sollen ja zu Spleens tendieren. Das weiß jeder seit der Erfindung von Mrs Marple und Sherlock Holmes.

Und was soll so ein Katzencafé überhaupt sein?

Darf man da seine Katze oder seinen Kater mitbringen? Müssen Hunde dort draußen bleiben? Oder handelt es sich um einen Ableger des Cafés auf Mallorca, dereinst gegründet von Deutschlands berühmtester Auswanderin? Ja, logo gogo Atze Katze. Auch ich habe die Sendung eine Zeitlang geguckt, schon um herauszufinden, mit was die Leute im Ausland ihr Geld verdienen, und zu sehen, ob da auch für mich etwas dabei wäre. Sozusagen private Industriespionage. Leider vergeblich. Denn ich kann weder im großen Stil Brot backen, noch Bier brauen, noch Würste herstellen (das am allerwenigsten.)

Bei der Frauenspeisekarte haben Sie dann vielleicht gedacht, dass es sich womöglich doch um Portugal handelt, denn schließlich hat ja in Porto jetzt ein Frauenbuchladen aufgemacht. Obwohl, was für einen Sinn macht eine Frauenspeisekarte? Essen Frauen anders als Männer? Ja, doch, in der Tat, das tun sie.

Aber spätestens beim „dynamischen Verkehrsinformationssystem" wurde Ihnen klar – hier kann nicht von Portugal die Rede sein. Dieses neudeutsche Schlangen-Schlagwort stammt aus einer deutschen Großstadt. Aber was ist das überhaupt – ein dynamisches Verkehrsinformationssystem?

Am besten ich rufe da mal an und frage nach.

Das Telefon läutet und läutet, aber keiner nimmt ab. So dynamisch sind sie also auch nicht, im deutschen dynamischen Verkehrsinformationssystem.

Und übrigens, und wenn man es so recht bedenkt, dann haben wir hier das dynamische Verkehrsinformationssystem doch sowieso. Denn wenn ich wissen will, wann die Busse vom Dorf in die Stadt fahren, muss ich proaktiv dynamisch werden und ins Dorfcafé gehen und dort fragen.

Das Verkehrsinformationssystem dort besteht aus der Frau hinter dem Tresen und den Gästen vor dem Tresen, die jedes Mal ein

Restaurant Lautasso in der Alfama, Lissabon

bisschen diskutieren, ehe sie mit empirischen Werten rausrücken. Da es sich um wechselnde Gäste mit unterschiedlichen Erfahrungen handelt, ist es sogar außerordentlich dynamisch.

Warum ich es nicht am Schalter in der Stadt versuche?

Habe ich, habe ich. Aber da es sich um verschiedene Busbetreiber handelt, gibt es keinen gesammelten Fahrplan. Den muss man sich dynamisch selber zusammenbasteln durch Fragen im Dorfcafé. Vor dem übrigens meist ein dicker schwarzer Kater schläft. Und nachmittags um vier sitzen Frauen im Café, die dort ihre Bica oder einen Galão trinken. Während die Männer eher zu Schnaps, Wein und Bier tendieren.

Im Grunde haben wir hier in Portugal also alles, sogar zusammen: Ein Katzencafé, das frauenspezifische Getränke anbietet, und zugleich als dynamisches Verkehrsinformationssystem funktioniert.

PS: Ein Katzencafé ist übrigens ein Café mit Katzen, damit auch haustierlose Kaffeehausbesucher mal eine Katze streicheln können. Also eine Art Streichelzoo für Erwachsene.

Der verschiedenste Ort aller verschiedensten Orte ist die Düne

"**A**lso was für eine Düne?"

„Die Düne, wo wir neulich waren, die Düne links von der Lagune."

„Links?"

„Links, wenn du vom Strand kommst, rechts von du vom Dorf kommst."

„Also was ist nun mit dieser Düne?"

„Was soll mit der Düne sein?"

„Na, du sagtest doch: Sie sei der verschiedenste Ort aller verschiedenen Orte."

„Das habe ich gesagt?"

„Ja, das hast du gesagt, also was ist mit dieser Düne?"

Das waren wir: zwei Betrachter einer Düne, links oder rechts von der Lagune, je nachdem aus welcher Richtung man kommt.

Marie langweilte sich. Der Wind zog an ihren Haaren, sie wird heulen, wenn ich später versuche, ihre blonden Haare zu kämmen, weil es ziepen wird, weil die feinen Haare sich zu kleinen Knoten verschlingen, im Wind, der in ihren Haaren spielte.

Ein Boxer raste über den Strand und bellte. Verscheuchte die Möwen, die auf den Wellen der Lagune ritten.

Schon waren sie weg.

Ich sah auf die Düne und wusste, dass ich Marie nicht erzählen wollte, dass diese Düne die Bühne meines Lebens war. Hier hatte ich den ersten Sex meines Lebens gehabt. Später setzten wir uns auf, da war es schon fast dunkel. In der Ferne glühte eine Zigarette auf. Hatte dort jemand gestanden und uns beobachtet?

Der alte Antonio womöglich, er fuhr auf seinem Rad immer aus den Bergen an den Strand um die nackten Mädels zu betrachten; die Leute im Dorf sagten, das habe ihm das Leben gerettet, nach seinem Herzinfarkt, habe ihm noch viele Jahre geschenkt, ihn fast fünfundachtzig werden lassen, das Radeln an den Strand, das geht nämlich ganz schön rauf und runter. Besonders zurück ist es anstrengend, bergauf.

„Was ist denn nun mit dieser Düne?“, fragte Marie und zog an meiner Jacke und der Wind zog an meinen Haaren und die Erinnerung zog an meinem Herzen.

Ich war auch mit meinem Liebhaber hier, aber das ist keine Geschichte, die eine Mutter ihrer Tochter erzählen sollte, oder sollte sie, das ist doch die richtige Vorbereitung auf das Leben, das wahre Leben, die Aufregung mit dem Liebhaber, der Sex am Strand, die Langeweile in der Ehe.

Ach Marie.

(Da hatte ich noch richtig Glück, dass du das Kind deines Vaters bist, Marie, wenn du wüsstest, wie ich gezittert habe, mir Gedanken gemacht, aber dann war alles klar zum Glück, man sah es am Gesicht, an der Nase, an den Augen. Zweifel ausgeschlossen.)

Die Augen meines Mannes sahen mir aus Maries Gesicht entgegen.

„Hier," sagte ich zu Marie, hier hat mir dein Vater damals einen Heiratsantrag gemacht, „Deswegen ist es eine ganz besondere Düne, deswegen."

Marie sagte nichts. Sie ist zu klein, um zu bemerken, dass verschieden und besonders nicht das Gleiche sind.

„Papa ist irgendwie langweilig," sagte Marie.

Wo das Kind recht hat, hat es recht, aber was soll ich machen, jetzt wo die Kleine da ist und uns braucht und der Luís in der Schweiz arbeitet und nichts mehr von mir wissen will.

„Der Papa ist überhaupt nicht langweilig," widersprach ich und sah auf die Düne, meine Bühne, den Ort meiner Entjungferung, um das altmodische Wort mal zu gebrauchen, meines Ehebruchs und meines Heiratsantrags. „Ach Marie, lass uns nach Hause gehen, der Papa wartet auf uns, wir möchten doch nicht, dass er sich Sorgen macht."

Torre de Belém am Tejo

Der Adeira Wanderpokal
oder der Wunsch, einen Ort mit nach Hause zu nehmen

Ich gebe es nicht gerne zu, aber wie alle anderen kaufe auch ich Souvenirs.

Einerseits stehe ich fassungslos vor dem Touristenkitsch, der trillionenfach in den Souvenirshops verkauft wird, und andererseits stehe ich selber im Souvenirshop und spiele mit dem Gedanken, etwas zu kaufen, sobald ich mehr als 75 km von meinem Heimatort entfernt bin.

Zum Glück kann ich oft widerstehen. Ich habe immer noch keine gelbe Straßenbahn am Kühlschrank. Ich besitze auch keinen Alfons I als Hampelmann. Allerdings habe ich ein Kartenspiel mit Zitaten von Fernando Pessoa. Aber das ist ja im Grunde kein Souvenir. Das zählt als Literatur. Schließlich ist Fernando Pessoa DER Dichter des 20. Jahrhunderts.

Und ich habe aus Tomar einen Tempelritter mit nach Hause gebracht. Warum ich den gekauft habe? Tja. Wenn ich das wüsste. Vielleicht weil so viele Ritter im Laden standen und dieser so aussah, als ob er ein Zuhause brauchte. Jetzt steht er hier bei mir im Regal, mit seinen drei roten Tatzenkreuzen.

Ja, drei! Eins auf der Brust, eins auf dem Rücken, eins auf dem Schild.

Ist natürlich immer noch besser als ein von der Straße gerettetes und nun dauer-miauendes Souvenir. Mein Ritter steht bewegungslos im Regal. Das kleine graue Bündel dagegen, das hier seit gestern im Haus wohnt und im Moment eher wie eine Ratte als eine Katze aussieht, macht richtig Arbeit. Ist aber zum Glück nicht meins, sondern gehört meinen Mitbewohnern, die es jetzt mit Spezialbabyflasche und Spezialkatzenbabymilch aufpäppeln.

Ich habe stattdessen meinen pflegeleichten Tempelritter. (Ach, wenn doch jeder Ritter an unserer Seite so pflegeleicht wäre! Aber das nur nebenbei.)

Außerdem besitze ich einen bunten Keramikbecher aus Madeira. Den habe ich von meiner Schwester, die mit mir auf Madeira war. Ich hatte Campingbecher, Tauchsieder und Teebeutel. Sie hat den bunten Madeirabecher gekauft. So konnten wir gemütlich abends im Hotel Tee trinken. (Meist wurde es dann allerdings doch eine Flasche Wein. Aber die löbliche Absicht war da.)

Am Ende des Urlaubs war es nur noch ein Iadeira-Becher. Und da sie sowieso lieber aus dünnwandigen Tassen trinkt, landete der Becher bei mir. Mittlerweile ist das M ganz ab, und ich habe einen Adeira-Becher.

Freunde haben eine Metalltafel an der Wand, auf der sich Kühlschrankmagneten aus der ganzen Welt tummeln. Eine Bekannte bringt sich aus jeder Stadt einen kleinen Löffel mit. Sobald sie in eine Stadt kommt, macht sie sich als erstes auf die Suche nach den Souvenirlöffeln. Früher klebte man sich Aufkleber auf die Reisekisten. Später steckte man sich Pins an den Hut. Jetzt sind es die Magneten am Kühlschrank.

Was wird das nächste sein?

Eine Mode löst die nächste ab. Zunächst war es der Hahn von Barcelos. Jetzt ist die Sardine im Kommen. Schon gibt es sie nicht nur in der Dose (also zum Essen), sondern aus Keramik, Stoff und Metall.

Wird es eines Tages digitale Souvenirs geben?

Aber was schreibe ich denn da!

Natürlich gibt es längst digitale Souvenirs.

Die Fotos!

Und wofür ist das alles gut? Um ein Stückchen vom Urlaub und vom Land mit nach Hause zu nehmen? Lohnt sich das? Vale a pena?

"Tudo vale a pena se a alma não é pequena" heißt es in einem Gedicht von Fernando Pessoa. Alles lohnt sich, wenn die Seele nicht klein ist.

Eine Verszeile, die unverständlicherweise auf dem Kartenspiel fehlt. Aber wahrscheinlich kommt sie irgendwann als Kühlschrankmagnet. Und dann kaufe ich sie. Aber auf der Stelle.

Portugal – das Land, wo man die Unterwäsche seiner Nachbarn kennt

Es ist ein Phänomen der Zeit, ein Renner in Buchhandlungen und Zeitungsläden.

Na, eine Idee? (Nein, ich rede hier jetzt nicht von den Sachen, die im obersten Regal stehen.) Also?

Ja, genau. Es ist Ihnen also auch aufgefallen, nicht wahr. Diese Dinger vermehren sich ja auch schneller auf den Regalen als die sprichwörtlichen Pilze aus dem Boden schießen.

Ich rede von den Malbüchern für Erwachsene. Was heißt hier Malbücher. Es sind Ausmalbücher! So etwas war früher Kindern vorbehalten. In den Zeiten der antiautoritären Erziehung hielt man es übrigens für schädlich, Kinder innerhalb vorgegebener Linien malen zu lassen. Und jetzt zahlen erwachsene Konsumenten Geld, um innerhalb der Linien zu malen. Selbst die Esoteriker sind mit im Boot. Es heißt, es soll eine therapeutische Wirkung haben.

Und so gibt es diese Malbücher mit Mandalas, Blumen, Ornamenten, Kacheln, Kathedralen und Stadtansichten. Und das bringt mich nun endlich – gelle, Sie haben sich doch schon gefragt, was diese Überschrift mit dem Text zu tun hat, oder? – zu meinem Thema:

Der Wäsche vor den Fenstern in Portugal.

Irgendwie hatte ich vergessen, dass nicht überall so ist. Aber als ich neulich in dem Buch „Portoterapia“ blätterte, wurde ich darauf aufmerksam. Portoterapia ist Porto zum Ausmalen, ganz im Trend der Zeit. Auf einer Seite eine Stadtansicht mit Wäsche vor den Fenstern, ganz in der portugiesischen Tradition. Daneben der Satz: Porto – die Stadt, in der man die Unterwäsche seiner Nachbarn kennt.

Aber in der Tat ist es ja nicht nur Porto, es ist das ganze Land.

An der Nationalstraße wohnt eine Frau, die einen verwaschenen ex-rosa DD-BH besitzt. Mangels geeignetem Fenster trocknet sie ihn an einer zwischen Alleebäumen gespannten Wäscheleine. Im Nachbardorf wäscht eine Frau für eine ganze Fußballmannschaft. Über ihr besitzt jemand eine Decke mit überdimensionalem Tigerkopf.

In Deutschland wäre so etwas nicht möglich. Dort darf man maximal seine „kleine“ Wäsche auf dem Balkon trocknen. Möglichst unsichtbar. Babywindeln, Putzlappen und Unterwäsche sind eine Grauzone. Die Nachbarn könnten sich von dem Anblick gestört fühlen.

Ich kenne jemanden, der hatte das Verbot in seiner Hamburger Hausordnung mit Begründung: Das sähe so südländisch aus.

Das ist ein interessantes Argument. Denn wenn man sich mal die Urlaubsfotos die Bilder in Reisemagazinen ansieht, was wird dort ganz besonders gerne abgebildet?

Yep.

Die Wäsche, die vor den Fenstern trocknet.

Kein Artikel über Porto ohne das obligatorische Wäsche-Foto.

Das könnten die Touristen doch viel einfacher haben. Wenn in Deutschland die Wäsche vor den Fenstern trocknen würde, hätte man den südländischen Charme auch zu Hause. Oder etwa nicht?

Wie auch immer – andere Ländere, andere Sitten, andere Gesetze.

In Deutschland darf man keine Wäsche vor dem Fenster trocknen.

In der Schweiz darf man nach 22 Uhr keine Toilettenspülung betätigen.

In Lee County Alabama darf man am Mittwoch nach Sonnenuntergang keine Erdnüsse verkaufen.

Manche Sitten und Gesetze machen Sinn. Manche nicht, auch nicht auf den zweiten oder dritten Blick. Daher ändern sich Sitten und Gesetze manchmal. In Kalifornien kippt gerade das Wäscheleinenverbot.

In Portugal hat es das zum Glück niemals gegeben!

Dafür gibt es neue schöne Souvenirs – wie die Portoterapia, bei der man die Unterwäsche seiner Nachbarn nicht nur kennt, sondern sogar bunt ausmalen darf. (Selbst der rosa BH könnte so wieder Farbe bekommen!)

Das Jahr der Frösche

Ich nenne es das Jahr der Frösche, weil die Frösche überall waren. Sie saßen auf dem Rasen, hüpften über die Terrasse und kletterten die Außenwände hoch. Sie klebten von außen an den Fenstern, und drinnen fühlte man sich beobachtet.

Einmal saß ein grasgrüner Frosch drei Tage lang oben auf der Duschstange in unserem blau-weiß gekachelten Badezimmer. Und immer, wenn man in diesem Winter die Haustür oder die Terrassentür schloss, zerquetschte man ungewollt einen Frosch. Kein schönes Geräusch. Eins von den Geräuschen, die man vergessen möchte, aber nicht vergessen kann. Drei Wörter reichen aus: Regen + Frosch + Tür und aaghh-aua-gggrrrnschrkrk – man hat das Geräusch im Ohr.

Wenn ich mich recht erinnere, war es November oder Dezember. Irgendwann Ende der achtziger Jahre. Wir hatten noch kein

Telefon und keinen Strom, aber schon fließend Wasser. Und damit meine ich nicht den Regen, der unaufhörlich vom Himmel fiel wie in dem fiktiven Dorf Macondo in „Hundert Jahre Einsamkeit".

Kennen Sie das Buch von Gabriel Garcia Marquez? Können Sie sich an die Stelle erinnern, wo es vier Jahre lang regnet? Das Dorfleben findet im Rhythmus des unermüdlich fallenden Regens statt und langsam überzieht grüner Schimmel alles.

Seit dem November 1989 (ja, ich hab´s jetzt gegoogelt) weiß ich, wie sich das anfühlt. Es fängt ganz harmlos an. Man wacht auf und es regnet. Das ist normal, das gehört zum November. Kein Problem.

Fahren wir eben nicht heute in die Stadt, fahren wir morgen.

Waschen wir die Wäsche nicht heute, waschen wir sie morgen.

Amanha é outro dia – morgen ist ein neuer Tag.

Und so ein Tag im Haus ist ja auch nicht schlecht. Der Kamin verbreitet eine gemütliche Wärme. Man kann aufräumen und Briefe beantworten (1989! Kein Strom! Internet ist fast noch ein Fremdwort, und Facebook noch nicht erfunden.) Wir haben Zeit und trinken im Dorf im Café Central eine Bica, während es draußen weiterhin in Strömen gießt.

In der Nacht liegt man im Bett und hört den Regen aufs Dach trommeln, das hat ja irgendwie etwas Gemütliches. Am nächsten Morgen das Gleiche. Ohne Pause trommelt der Regen auf das Dach. Mal schwächer, mal stärker. Nach ein paar Tagen wirkt das Geräusch nicht mehr gemütlich, sondern eher bedrohlich. Was, wenn es jetzt vier Jahre lang regnen wird, so wie in hundert Jahre Einsamkeit?

Die Reisfelder stehen schon unter Wasser, die Waschstelle im Dorf ist überschwemmt, die Brücke an der Hauptstraße gesperrt. Das Wasser im Fluss steigt weiter beständig an. Haben wir uns im Sommer, als es so trocken und heiß war, Regen gewünscht? Ja, natürlich. Aber das jetzt! Das ist zu viel, jetzt soll es wieder aufhören.

Doch es regnet unerbittlich weiter. Das Geräusch des Regens begleitet Tag und Nacht unser Leben. Regenschirm, Regenjacke und Gummistiefel gehören zur Grundausstattung. Ich wache morgens auf, der Regen trommelt auf das Dach. Ich öffne die Haustür, der Regen fällt in unverminderter Stärke, es regnet Bindfäden, Hunde und Katzen, es gießt wie aus Eimern, der Himmel weint. Vielleicht hat Petrus vergessen, den Wasserhahn zuzudrehen. Die Frösche hüpfen über die Terrasse und kleben an den Fensterscheiben.

Amanha é outro dia?

Ja, klar. Pode ser um dia ruim, mas é outro dia – es ist vielleicht ein schlechter Tag, aber ein neuer Tag ist es ja schon, nicht wahr.

Und dann eines Tages. Ich wache auf. Stille. Kein Trommeln. Kein Rauschen. Die Frösche sind verschwunden. Dafür scheint die Sonne. Und das Jahr der Frösche verblasst langsam zu einer Erinnerung.

Kiss French, dress Italian, party Caribbean

Küsse französisch, kleide dich italienisch, feiere wie in der Karibik. Gute Ratschläge! Fehlt noch einer für Portugal. Was könnte hier passen? Lassen Sie uns gemeinsam überlegen. Wir brauchen also ein Verb, dass für die portugiesische Lebensart steht.

Parke portugiesisch

Ja, das würde gehen. Fängt sogar außerdem noch mit P an, und ist auf jeden Fall eine Spezialität des Landes. Aber ich dachte eher an etwas Positives. Wie bitte? Es ist positiv? Na ja gut, für den Parkenden schon, der immer eine Parklücke findet, egal ob es legal ist oder nicht. Aber für die anderen, die jetzt warten müssen und fluchen, oder für die fünf Männer, die in brütender Hitze ein Auto von den Schienen heben, damit die gelbe Straßenbahn der Linie 28 ihre Fahrt fortsetzen kann, ist es ja wohl eher etwas Negatives.

Wie immer kommt es natürlich auch hier darauf an, auf welcher Seite man steht. So wie bei „Drei Männer in einem Boot“,

Sie wissen schon, dieser heitere englische Roman von Jerome K. Jerome, wo drei Männer auf der Themse Boot fahren. Solange sie in ihrem kleinen Boot unterwegs sind, hassen sie die großen Schiffe. Und als ein großes Schiff sie für eine Weile zieht, hassen sie die Boote, die durch ihre Langsamkeit den Verkehr auf der Themse behindern.

Suchen wir also etwas eindeutig Positives. Etwas, dass nur Portugiesen richtig gut können. Nicht, dass jetzt nur die Franzosen und Französinnen gut küssen, und nur die ItalienerInnen gut angezogen sind, aber Sie wissen schon, was ich meine. (Nicht „Italiener innen", sondern der orthografisch zweifelhafte Versuch einer gender-gerechten Schreibweise.)

Koche portugiesisch

Nein, nicht originell genug. Gut kochen können sie hier, das ist wohl wahr, aber das können auch die Leute in Frankreich, Italien und der Karibik.

Verkaufe dein Vieh portugiesisch

So wie in: Vierundzwanzig Stunden vor dem Verkauf wird die Kuh nicht gemolken, damit sie beim Probemelken richtig gut Milch gibt. Durchaus portugiesisch. Aber natürlich nicht speziell portugiesisch. Das fällt eher unter globale Bauernschläue.

Ich brauche also weitere Vorschläge. Sie sind gefragt.

Was haben Sie gesagt?

Entdecke die Welt portugiesisch?

Guter Vorschlag, aber mehr als 550 Jahre zu spät. Hatten wir. Das portugiesische Weltreich ist auf Portugal, Madeira und Azoren geschrumpft. Und die Zeit des Pfefferzwanzigsten vorbei. Was der Pfefferzwanzigste ist? Das sind die fünf Prozent aus den indischen Gewürzeinnahmen, die Manuel der Glückliche in das Hieronymuskloster gesteckt hat. (Manchmal denke ich: Und was, wenn er das Geld statt in eine überdimensionale Kathedrale in die Entwicklung einer gerechteren Welt gesteckt hätte? Aber das nur nebenbei.)

Sei portugiesisch?

Mmh. Interessant. Ja, das ist gar kein schlechter Vorschlag. Oder positiv formuliert: Ja, das ist ein guter Vorschlag! Sei portugiesisch.

Was das bedeutet? Da Sie ja hier leben oder oft Urlaub machen, haben Sie wahrscheinlich eine Vorstellung davon, denn sie sehen im täglichen Leben, was es bedeutet, Portugiese-Portugiesin zu sein.

Jemand benimmt sich daneben? Portugiesen sehen darüber hinweg, sie finden es nicht gut, aber sie lassen den anderen sein Gesicht wahren. Ein Rollstuhlfahrer hat Mühe mit der Bordsteinkante? Sofort sind helfende Passanten zur Stelle. Eine ältere Frau findet bei einer Musikveranstaltung keinen Stuhl? Ein junger Mann steht auf und bietet seinen Platz an. So ein Land ist das hier. (Jedenfalls meistens.)

Kiss French. Dress Italian. Party Caribbean. Be Portuguese.

Glockenspiel & Zeitansage

Ein Kleid von Valentino

Haben Sie schon mal ein Kleid von Dior oder ein Kostüm von Chanel getragen? Nein? Tja, ich auch nicht. Und würden Sie gerne mal ein Kleid von Dior oder ein Kostüm von Chanel tragen? Ja, nicht wahr? Sehen Sie, ich auch. Und deswegen stand ich in Zimmer fünf und kam in Versuchung. In Zimmer fünf hingen nämlich die Kleider von Adele Sommer. Adele Sommer wollte heiraten und sie und ihr Mann hatten nicht nur ein oder zwei Zimmer gemietet, sondern gleich das ganze Gästehaus. Für sich und ihre Gäste. Für eine ganze Woche. Am Samstag sollte dann die Trauung stattfinden. Unter der Pinie in der Mitte. Mit einer Standesbeamtin aus Grândola und einem hinduistischen Priester. Mit vielen Gästen und einem vegetarischen Buffet am Abend.

An diesem Tag wollte Adele Sommer diese Kleider tragen. Das blaue Abendkleid zur Feier. Das weiße Brautkleid zur Trauung. Ich strich über das weiße bestickte Kleid, fasste in den unübersichtlichen Tüll und bewunderte die Spitze. Was für ein Traum. Ich war wirklich kurz davor ... aber ich wurde davon abgehalten. Einerseits natürlich von meinem gesunden Menschenverstand. Es gehörte sich ja schließlich nicht für ein Zimmermädchen, die Kleider der Gäste anzuprobieren. Und andererseits natürlich auch, weil plötzlich Adele Sommer hinter mir stand.

"Ein Traum, nicht wahr?", sagte sie.

Ich nickte.

"Ein Hochzeitskleid von Elie Saab", sagte Adele. "Das sind einfach die schönsten."

Sagte mir jetzt irgendwie nichts, aber ich schloss aus Adeles Gesichtsausdruck, dass Elie Saab nicht irgendeine Designerin war.

"Ich habe mal gelesen, dass man erst heiraten soll, wenn man sich ein Hochzeitskleid von Elie Saab leisten kann", fuhr Adele fort. Na Adele hatte gut reden. Mit dieser Regel würden die Eheschließungen wohl drastisch sinken. Überall.

"Und das hier", fragte ich und zeigte auf den blauen Traum. Hellblau. Chiffon. Bestickt. Perlen überall. Es mussten hunderte von Arbeitsstunden in diesem Kleid stecken.

"Valentino", sagte Adele. "Es gehört noch ein Cape dazu."

Sie nahm das Cape von der Garderobe und hielt es hoch. Kurz. Aus Samt. Mitternachtsblau. Mit einer riesigen Kapuze. Sie hängte das Cape über das Kleid. Wie in dieser Zeitschrift, Gala.

"Tja, dann will ich mal wieder", sagte ich.

Ich nahm meinen Besen, meinen Eimer und meine Putzlappen und verließ das Zimmer. Adele Sommer war offensichtlich reich. Und offensichtlich glücklich. Nicht nur schöne Kleider, auch ein schöner Bräutigam, um es mal so zu sagen. Denn Peter Bauer sah auch noch gut aus. Jung und gut gebaut, ein jungenhaftes Lachen. Ich merkte, dass ich neidisch wurde. Und zwar richtig neidisch. Und zwar neidisch-neidisch. Ich hatte mal gelesen, in diesem Buch mit den Tipps, das ein Gast in Zimmer zwei vergessen hatte und das jetzt bei uns in der Küche lag, und in dem ich immer in der Pause las, weil man es ohne Zusammenhang lesen konnte, also da hatte ich gelesen, dass man neidische Gefühle dazu nutzen konnte, um herauszufinden, was man besser machen konnte, in seinem eigenen Leben. Aber ich kam irgendwie auf nichts. Ich hätte schon sehr gerne so ein Kleid von Valentino oder auch von dieser Elie Irgendwie gehabt. Aber ich konnte es ja nirgendwo tragen. War nicht so die richtige Kleidung fürs Dorf und Antonios Café. Also bräuchte ich nicht nur das Kleid, sondern wohl auch noch das passende Leben dazu. Ich seufzte. Ich war eigentlich ganz gerne Zimmermädchen, ehrlich. Und der Job hier war nicht schlecht, wirklich. Aber dieses Kleid von Valentino … Zu gerne würde ich doch wenigstens einmal im Leben so ein Kleid tragen.

Na und weil doch der Auswanderer in diesem Doku neulich im Fernsehen gesagt hatte, und weil es einer von den Auswanderern war, die es geschafft hatten, da irgendwo in Patagonien, und es ihm richtig gut ging, und sein Haus sah klasse aus, also weil er gesagt hatte: Leichtsinn ist, wenn man sein Leben so lebt, dass man bereut, was man nicht getan hat, oder so ähnlich jedenfalls, und weil ich es doch so gerne wollte und dann waren ja auch alle weg, nicht wahr. Die ganze Hochzeitsgesellschaft am Strand. Gerda und Ulla im Dorf. Postholen. Im Café. Und Maria in der Küche.

Also bin ich in Zimmer fünf gegangen. Das Zimmer mit dem Valentino-Kleid. Ich schloss die Tür auf. Das ist ja das Gute an meinem Job als Zimmermädchen – Schlüssel zu allen Zimmern. Ich machte die Tür zu. Ich ging zum Schrank. Da hing der blaue Traum. Valentino. Einmal im Leben Valentino tragen. Ein Blick in den Spiegel. Und wieder ausziehen. Und wieder weg. Das würde nie jemand merken. Ich schadete ja niemandem, nicht wahr.

Ich band die Schürze ab und zog meine Jeans und mein T-Shirt aus. Ich nahm den Valentino vom Bügel und zog das Kleid an. Es war praktisch unmöglich, hinten den Reißverschluss zuzuziehen. Für so ein Kleid brauchte man offensichtlich eine Zofe. Jetzt musste es natürlich irgendwie so gehen, das letzte Stückchen fehlte eben. Aber mit Cape drüber würde das gar nicht auffallen. Wow. Was für ein Gefühl. Wie weich dieser Samt war. Ich zog die Kapuze über den Kopf. Ein wunderbares Gefühl. Wie im Märchen. Ich sah bestimmt klasse aus. Ich wollte gerade ins Bad zum Spiegel, da hörte ich draußen ein Geräusch. Und ehe ich mich versah, hatte ich doch die Tür aufgemacht. Manchmal handel ich wirklich, ehe ich denke. Ich drehte mich sofort zurück und wollte ins Zimmer gehen. Da hielt mich eine Stimme zurück. Mein Gott, jetzt fiel mir auch noch dieser Film ein. Sie haben ihn bestimmt gesehen. Dieser Film mit J Lo. Maid in Manhattan. Da zieht sie doch dieses Kleid an. Und lernt diesen Gast kennen. Diesen Senator. Und es gibt einen Haufen Ärger. Und am Ende ist sie ihren Job als Zimmermädchen natürlich los.

"Adele", sagte der Mann.

Ich sagte nichts. Außerdem war ich ja nicht Adele.

"Adele", fuhr der Mann fort, "dreh dich nicht um."

Hatte ich auch nicht vor. Auf keinen Fall. Ich machte einen Schritt nach vorne.

"Adele", sagte der Mann. "Geh nicht weg. Hör mich an."

Wer war der Mann. Der Bräutigam? Einer der anderen Gäste? Was sollte ich jetzt machen?

"Ich muss mit dir reden", sagte der Mann.

Ich sagte weiterhin nichts. Ich blieb einfach stehen. In der Tür.

"Adele", sagte der Mann. "Heirate ihn nicht."

Es war also offensichtlich nicht der Bräutigam.

"Ich liebe dich", sagte der Mann.

Ich blieb einfach weiter stehen.

"Und ich weiß, dass du mich auch liebst", sagte der Mann. "Denk an unsere Nacht … "

Ich blieb weiter stehen.

"Ich werde bis heute Abend warten", sagte der Mann. "Auf ein Zeichen von dir."

Ich hörte, wie sich Schritte entfernten. Aber dann kamen die Schritte nochmal zurück.

"Wenn du nicht mit mir redest", sagte der Mann, "dann rede ich mit Peter. Und sage ihm alles."

Ich ging in das Zimmer und schloss die Tür. Und jetzt? Valentino ausziehen und tun, als ob nichts passiert war? Ich nahm die Kapuze vom Kopf und öffnete das Cape. Da klopfte es an die Zimmertür. Ich blieb stehen und sagte nichts. Ich hoffte, dass die Schritte sich wieder entfernten. Aber sie entfernten sich nicht.

"Adele", sagte ein Mann. Aber es war eine andere Stimme. Ich sagte nichts. Das hatte ja bisher auch ganz gut geklappt.

"Ich weiß, dass du da drin bist", sagte der Mann. "Ich sehe deinen Schatten. Und ich möchte dir was sagen. Und zwar, ehe du mich morgen heiratest."

Das war also jetzt der Bräutigam.

"Adele", sagte der Mann jetzt. "Ich habe dich betrogen. Ich wollte es dir erst nicht sagen. Aber mir ist heute klar geworden: Es ist falsch, mit einer Lüge in die Ehe zu gehen. Bitte sag mir, dass du mir verzeihst."

Ich sagte weiterhin nichts.

"Ich kann verstehen, dass du nicht sofort antwortest", sagte der Bräutigam.

"Aber lass mich wissen, dass du mir verzeihst, denn sonst kann ich dich nicht heiraten."

Ich sagte nichts.

"Ich warte bis Mitternacht", sagte der Bräutigam. "Wenn du mir bis dahin nicht verzeihst, dann reise ich ab."

Ich hörte, wie sich die Schritte entfernten. Ich zog die Gardinen zu. Dann zog ich wie der Blitz den Valentino aus und meine eigenen Kleider an. Schürze drüber. Und nichts wie raus aus diesem Zimmer. Und aus diesem Leben.

Ich machte gerade die Tür auf, da sprach mich Adeles Mutter an.

"Haben Sie Adele gesehen", fragte sie.

"Nein", sagte ich.

"Komisch", sagte die Mutter. "Ich dachte, ich hätte sie gesehen."

Und ich dachte, die wären alle an den Strand gegangen. Da kann man mal sehen.

"Wenn Sie sie sehen", sagte Adeles Mutter. "Sagen Sie ihr, ich muss mit ihr reden. Und zwar dringend."

Und weg war sie.

Ich ging in die Küche. Nahm mir einen Kaffee. Und setzte mich an den Küchentisch.

"Ist irgendwas?", sagte Maria.

"Nein", sagte ich.

"Du hast doch nichts angestellt, oder?", sagte Maria.

"Nein", sagte ich.

Hatte ich ja aber doch, irgendwie. Und ich wusste: Adeles Schicksal lag jetzt in meinen Händen. Sozusagen. Und da gehörte es natürlich überhaupt nicht hin. Und ich gebe es zu: Einen kleinen Moment lang spürte ich Macht. Und verstand plötzlich, warum es Leute gab, die danach süchtig wurden. Süchtig nach Macht. Aber der Moment ging schnell vorbei und mir war einfach nur noch elend.

"Du hast doch was", sagte Maria.

"Nein," sagte ich. Ich musste da jetzt schon alleine durch.

Ich nahm meinen Besen und ging ins Brunnenzimmer. Das ist groß, da kann man lange fegen. Ich fegte. Ich überlegte. Ich wusste jetzt: Die beiden gingen nicht gerade ohne Erfahrung in die Ehe, was ja auch völlig okay ist, heutzutage, nicht wahr. Allerdings würde es wohl gar keine Ehe geben, wenn ich nicht den Mund aufmachte. Denn beide Männer warteten ja auf ein Zeichen von Adele. Da konnten sie natürlich lange warten, denn Adele wusste ja nichts davon, nicht wahr.

Das Problem war: Wenn Adele nicht mit dem Unbekannten redete, würde der mit Peter reden. Und die Hochzeit wohl platzen. Und wenn Adele nicht mit Peter redete, würde der abreisen. Und die Hochzeit wohl auch platzen. Und das richtige Problem daran war: Ich war schuld. Ich war schuld, wenn alle drei unglücklich wurden und wenn Adele als alte Jungfer enden würde. Ich meine jetzt nur mal als schlimmsten Fall. Ich dachte: Ich sollte mir das Buch mit den Tipps holen. Dann dachte ich: Nein, was soll das helfen. Und dann dachte ich: Ich brauche eine Lösung. Bitte bitte bitte eine Lösung.

"Alles in Ordnung mit Ihnen", fragte Gerda und sah ins Brunnenzimmer.

"Aber ja", sagte ich.

"Es ist nur", sagte sie. "Sie fegen ja jetzt hier schon ziemlich lange, nicht wahr."

"Das ist der Sand", sagte ich. "Der Sand vom Strand."

Gerda guckte noch ein bisschen misstrauisch. Ging dann aber. Und ich fegte weiter. Und dann dachte ich: Was soll´s. In diesem Fall wird mir nur die Wahrheit helfen. Ich gehe zu Adele Sommer. Ich gestehe alles. Dass ich das Kleid anhatte und was ich gehört hatte. Und dann dachte ich: Ich habe ja überhaupt einen Trumpf in der Hand. Ich wusste, dass Adele auch fremdgegangen war, nicht wahr.

Ich nahm meinen Mut zusammen und ging zu Zimmer fünf. Ich klopfte. Adele öffnete. Im Valentino-Kleid. Mit Kapuze auf dem Kopf. Und dann sah ich: Es war überhaupt nicht Adele. Es war ihre Freundin Jo-Anne Rea, eingeflogen aus New York, extra für das Ereignis.

"Oh", sagte Jo-Anne. "Sie sind es."

"Äh, ja", sagte ich und fragte mich, wen sie wohl erwartet hatte.

"Und?", sagte sie.

"Äh, nichts", sagte ich und wollte gehen.

"Wissen Sie, warum ich dieses Kleid anhabe?", sagte Jo-Anne.

"Nein", sagte ich. "Und es geht mich auch gar nichts an."

"Ich möchte es Ihnen trotzdem erklären", sagte Jo-Anne. "Ich muss jetzt einfach mal mit jemandem reden. In New York kann man ja immer dem Barkeeper sein Herz ausschütten. Aber hier ist ja keine Bar. Nur diese Truhe mit Selbstbedienung, wo sich jeder nimmt, was er will."

"Ein Barkeeper lohnt sich einfach nicht", sagte ich. "Es ist ein kleines Gästehaus."

"Na und weil hier kein Barkeeper ist", fuhr Jo-Anne fort, "erzähle ich es eben Ihnen, Sie sind das Zimmermädchen."

Ich schwieg.

"Aber nicht hier in der Tür", sagte Jo-Anne. "Kommen Sie rein."

Ich ging ins Zimmer. Den Besen in der Hand. Ich hielt mich an dem Besen fest, sozusagen. Da wusste ich wenigstens wohin mit meinen Händen. Automatisch fiel mein Blick auf das Hochzeitskleid.

"Wussten Sie", sagte Jo-Anne, "dass mal jemand gesagt hat, man soll erst heiraten, wenn man sich ein Hochzeitskleid von Elie Saab leisten kann?"

"Ja", sagte ich.

"Ehrlich?", sagte Jo-Anne.

"Aber ja", sagte ich. Ich wusste es ja auch wirklich, und zwar schon seit heute morgen.

"Es ist so", sagte Jo-Anne. "Eigentlich ist das mein Kleid. Oder sollte es zumindest sein."

Sie nahm die Kapuze vom Kopf und schüttelte ihre Locken. Rote Haare. Und was für welche!

"Das Gleiche", sagte Jo-Anne, "gilt für den Bräutigam."

"Äh … ", sagte ich.

"Eigentlich," sagte Jo-Anne, "wollte Peter Bauer nämlich mich heiraten. Bis Adele ihn mir weggenommen hat."

"Man kann einen Mann doch nicht wegnehmen", sagte ich.

"Oh doch", sagte Jo-Anne. "Oh doch, das kann man. Und wollen Sie wissen wie?"

Ich nickte, obwohl ich es eigentlich gar nicht wissen wollte. Einerseits. Jo-Anne ging zum Schrank und öffnete die Tür. Und da hing so einiges, was ich noch nie live gesehen hatte, jedenfalls nicht in dieser Zusammenstellung. Ein Reitpeitsche, die hier eigentlich keinen Sinn machte, weil wir ja kein Reiterhof waren, nicht wahr. Federbüsche und Handschellen, in verschiedenen Ausführungen. Und ein Anzug aus Gummi, vermutlich von der Designerin Beate Use.

"Seien Sie froh, dass Sie ihn los sind", sagte ich.

"Habe ich Sie nach Ihrer Meinung gefragt?", sagte Jo-Anne.

"Haben Sie nicht?", fragte ich.

"Nein", sagte Jo-Anne. "Ein anständiger Barkeeper redet nicht. Er mixt Drinks und hört zu."

"Wissen Sie was", sagte ich, "ich werde Ihnen einen Drink mixen."

Das gehörte zwar überhaupt nicht zu meinen Aufgaben, aber man muss flexibel sein. Und ehrlich gesagt, ich brauchte irgendwie auch einen.

Wir gingen in das Kaminzimmer.

Ich holte aus der Küche eine Flasche Macieira, Eiswürfel und zwei Gläser. Und weil das Buch mit den Tipps wie immer auf dem Küchentisch lag, nahm ich es auch gleich noch mit. Ich schenkte tüchtig voll und wir stießen an. Jo-Anne nahm die Spielesammlung und suchte ein paar Würfel raus. Dann würfelte sie. Wir rechneten alles zusammen. Neunundfünfzig. Wir suchten den entsprechenden Tipp. Und dabei kam raus, man sollte die Perspektive ändern. Wir tranken unsere Brandys und überlegten, wie das wohl gemeint war.

"Ist wahr", sagte Jo-Anne nach einer kleinen Weile. "Sie haben recht – ich sollte vielleicht wirklich froh sein, dass ich ihn los bin."

"Wussten Sie, dass er Adele untreu ist?", fragte ich.

Aus Versehen natürlich. Das kam vom dem Brandy. Ich bin das nicht gewohnt. Schon gar nicht am Tag. Da wirkte der sofort.

"Und wussten Sie, dass Adele ihm auch untreu ist?", sagte Jo-Anne.

"Ja", sagte ich. "Das wusste ich schon."

"Nein", sagte die Mutter. "Das wusste ich nicht."

Ich ging sofort los und holte noch ein Glas und dann versuchten wir Frau Sommer davon zu überzeugen, dass sie Adele lieber nichts sagen sollte. Oder lieber doch? Und weil wir schon mal beim Thema waren, fragte ich Frau Sommer, was ich machen sollte. Ich meine, sie war Adeles Mutter, sie hatte sie doch ihr Leben lang beraten. Jeder wusste, dass Kinder ein Leben lang Sorgen machen. Sie kennen doch den Spruch: kleine Kinder – kleine Sorgen, große Kinder – große Sorgen. Warum sollte Adeles Mutter da eine Ausnahme sein?

"Ach du liebe Zeit", sagte Adeles Mutter. "Mein armes Kind."

"Was ist passiert", sagte eine Männerstimme. "Ist Adele etwa was passiert?"

Er klang besorgt und ich erkannte die Stimme. Da bin ich gut drin, Stimmen erkenne ich immer. Es war andere Mann.

"Nein, mir geht es gut", sagte Adele.

Da stand sie. Die Braut. Mit dem Bräutigam im Arm. Und nun? Ich überlegte noch, ob ich was sagen sollte, oder lieber nicht. Oder lieber zu einem anderen Zeitpunkt. Und ob überhaupt. Aber Adeles Mutter rettete die Situation. Irgendwie.

"Rita", sagte sie zu mir. "Bringen Sie noch ein paar Gläser. Und eine zweite Flasche."

Ich stand auf und ging in die Küche. Holte noch eine Flasche Brandy. Den Brandy haben wir nämlich nicht als Selbstbedienung. Das klappt einfach nicht. Je härter die Getränke, desto schlechter das Gedächtnis.

“Kind”, sagte die Mutter zu Adele, “setz dich.”

Und Adele setzte sich brav hin. Und der Bräutigam und der andere Mann setzten sich dazu. Alle aufs Sofa. Jeder auf eine Seite von Adele.

“Habe ich dich schon mal angelogen?”, fragte die Mutter.

“Schon oft”, sagte Adele. “Schon als Kind. Mit der Uhrzeit zum Beispiel. Am Sonntagmorgen. Da hast du immer die Uhr verstellt.”

Adeles Mutter seufzte.

“Das war Notwehr”, sagte sie. “Ich musste doch auch mal ausschlafen. Zumindest am Wochenende.”

“Trotzdem”, sagte Adele. “Es war eine Lüge.”

“Na dann”, sagte die Mutter. “Dann werde ich dir jetzt die Wahrheit sagen.”

Sie nahm die neue Flasche, öffnete sie und goss jedem einen tüchtigen Schluck ein. Sie hielt ihr Glas hoch und trank auf ex. Sie sah uns alle an. Also tranken wir auch auf ex. Adeles Mutter schenkte nach.

“Na dann”, sagte die Mutter. “Adele. Jetzt werde ich dir die Wahrheit sagen.”

Adele sah ihre Mutter erwartungsvoll an.

“Das Zimmermädchen hat deinen Valentino getragen”, sagte die Mutter. “Heute morgen.”

“Was?”, sagte Adele und sah mich wütend an.

“Und dein zukünftiger Mann hat mit deiner Freundin Gisela geschlafen”, sagte Adeles Mutter.

“Was?”, sagten jetzt Jo-Anne und Adele gleichzeitig. Beide sahen zu Peter.

“Und du”, fuhr die Mutter seelenruhig fort und sah Adele an, “du hast mit Sebastian geschlafen.”

"Was?", sagte jetzt Peter Bauer und sah Adele an.

"Und was ist mit mir?", sagte Jo-Anne. "Ich habe auch mit Peter geschlafen."

"Was?", sagten jetzt Adeles Mutter und Sebastian und Adele.

Ich nahm die Brandyflasche und schenkte allen noch mal nach.

"Was ist hier denn los", sagte Gerda plötzlich.

Wir sahen uns alle an. Die beiden Männer nahmen die Hände von Adeles Knien. Ich stand auf und nahm meinen Besen in die Hand.

"Rita hat ein bisschen Ordnung gemacht", sagte Adeles Mutter.

Gerda guckte etwas merkwürdig. Misstrauisch. Aber dann drehte sie sich um und ging aus der Tür. Einen Moment lang war es sehr ruhig im Kaminzimmer. Draußen schien immer noch die Sonne. Man hörte ein paar Vögel zwitschern. Und in der Küche klapperte Maria mit dem Geschirr.

Aber ob Sie es glauben oder nicht, am nächsten Tag fand die Hochzeit wie geplant statt. Adele Sommer trug ihr Hochzeitskleid von Elie Saab. Der hinduistische Priester traute Adele und Peter unter der Pinie in der Mitte. Alle Gäste standen in einem großen Kreis und hörten zu. Sogar wir vom Gästehaus hatten für den feierlichen Moment unsere Arbeit unterbrochen. Der Priester hielt eine sehr bewegende Ansprache. Er sagte irgendetwas im Sinne von: Es wäre müßig etwas zusammenzufügen, was sowieso schon zusammengehörte. Oder so ähnlich. Und alle sahen richtig glücklich aus. Und zur Feier trug Adele das Designerkleid von Valentino. Und wissen Sie was? Irgendwie war ich geradezu froh, dass ich nicht in diesem Valentino-Kleid steckte. Und in dem dazu passenden Leben. Aber das vegetarische Buffet war gar nicht so schlecht.

O Machado em Casa substitui o Carpinteiro

Die Axt im Haus ersetzt den Zimmermann. Das ist ein deutsches Sprichwort, das ich hier übersetzt habe, um es im portugiesischen Sprachraum einzuführen. Ich wünsche, ich könnte es auch in meinem Leben einführen. Aber das ist mir leider nicht gegeben.

Ich kann ja noch nicht mal eine Maus aus der Mausefalle nehmen. Selbst dafür bin ich auf die Hilfe von einem Vertreter der weniger sensiblen Hälfte der Menschheit angewiesen. Okay, das nehme ich zurück. Tut mir leid, Männer. Eine dicke Entschuldigung an alle Männer, die mir je eine Maus aus der Mausefalle genommen haben, Sam, Alex, Tom, Ro, Miguel ... Ich weiß: Auch Männer sind sensibel.

Da ich nun immer wieder Hilfe für Haus und Hof brauche, wollte ich eigentlich eine Kolumne über Handwerker schreiben. Aber im Grunde braucht es da keine Kolumne. Da reicht ein einziges Wort.

Handwerker.

Das Wort alleine löst Anekdoten und Ärger, Erlebnisse und Erinnerungen aus. Es ist im Grunde ja nichts spezifisch Portugiesisches, sondern ein globales Phänomen. Handwerker gibt es auf der ganzen Welt, sie werden überall gebraucht.

Aber portugiesische Handwerker haben es schon zu einer Art Meisterschaft gebracht im Handwerker-Sein. Und mein Handwerker ist Meisterklasse.

„Mein" Handwerker gehört natürlich nicht mir, aber ohne ihn kann ich die Widrigkeiten des Alltags nicht bewältigen, die einem das Leben in Form von kaputten Spülkasten, Rohrbrüchen und tropfenden Wasserhähnen immer wieder vor die Füße wirft. Beziehungsweise ins Haus.

Und mein Handwerker, nennen wir ihn Chico, hat ein paar Eigenheiten, mit denen er mich in den Wahnsinn treibt. Nicht absichtlich. (Denke ich doch. Hoffe ich doch.) Das Spiel geht so. Das Universum wirft mir eine Widrigkeit vor die Füße. Ich rufe Chico an. Chico sagt, er kommt und zwar noch heute, sofort gleich nach der Arbeit.

Ich gehe also nicht aus dem Haus. Ich warte brav. Es lohnt sich auch nicht, irgendetwas Sinnvolles anzufangen, denn gleich kommt ja Chico. Also sehe ich fern. Und kurz, ehe sie den Axtmörder entlarven, klopft es.

Das ist Chico. Zu spät, wie immer, aber pünktlich auf die Sekunde, in der wir erfahren, wer der Mörder ist.

Und jetzt kommt meine Lieblingsszene.

Ich öffne die Tür. Da steht Chico und telefoniert. Er hebt die freie Hand mit dieser Geste, Zeigefinger leicht nach oben. Das bedeutet: Nur einen Moment, ich bin gleich soweit.

Ja, Pustekuchen.

Ich stehe in der Tür und höre zu. Würde ich jetzt einfach wieder reingehen, würde er wieder die Hand heben mit seiner Es-ist-nur-noch-eine-Minute-Geste.

Also höre ich dem Gespräch zu. Und nie, und ich schwöre nie, nunca, never ist dieses Gespräch sinnvoll. Es endet immer damit, dass Chico nach einer Weile sagt: „Ich bin hier bei einer Kundin, wir telefonieren später."

Hallo?

Und wenn er dann endlich anfängt zu reparieren und ich wieder vor dem Fernseher sitze, klopft es. Chico braucht unbedingt ein Teil. Egal, ob Sonn- oder Feiertag oder abends. Er schickt mich zu dem Ladencafé, wo es in einem nicht-offiziellen 24 Stundenservice so etwas wie einen Klempnerbedarf-Notdienst gibt. Ich fahre brav los. Kaufe das Teil.

Bei meiner Rückkehr wartet Chico in seinem Auto. Er muss jetzt dringend los, aber er kommt in zwei Tagen wieder.

Da stehe ich dann mit meinem Ersatzteil ohne je zu erfahren, wer der Axt-Mörder ist. Was mich zu Axt bringt. O machado em casa substitui o carpinteiro. Aber würde mir die Axt im Haus wirklich den Zimmermann ersetzen? Leider nicht, in meinem Fall. Infelizmente.

Die vergessenen Bücher der Revolution

Am 25. April 1974 war die portugiesische Nelkenrevolution.

„Das war die Zeit, als wir noch Träume hatten", hat mal ein Bekannter gesagt, als wir (vermutlich bei einer oder zwei Flaschen Alentejo-Rotwein) über die 70er und 80er Jahre redeten. In diese Zeit der Träume fiel die Nelkenrevolution in Portugal. Und wurde in Deutschland dementsprechend begeistert aufgenommen.

Die Uni Hannover führte ein Forschungsprojekt mit dem Titel: „Modernisierung und Unterentwicklung in Südportugal 1950 – 1990" durch. Ein Beispiel in der Studie war der Ort Melides, ein kleiner Ort an der Westküste des Alentejo. Die Bevölkerung war – kein Wunder nach fast fünfzig Jahren Diktatur – äußerst misstrauisch gegenüber jeder Art von Befragung.

Es wurden Einheimische angeheuert, die die Landbevölkerung interviewen sollten. Was für ein Gedanke, als ob auch nur eine portugiesische Kleinbäuerin irgendwem die Anzahl ihrer Tiere verrate würde. Erfahrungsgemäß führte jede Angabe zu Steuern und anderen Nachteilen. Dementsprechend realitätsfern fielen die Ergebnisse aus. (Aber wahrscheinlich trifft das nicht nur auf diese Studie zu.)

In dem Buch „Die vergessene Revolution" von Michael Vester findet man Berichte von Deutschen, die auf Kooperativen geholfen hatten. Es gab Sprachprobleme, da die meisten Helfer kein portugiesisch sprachen. Die deutschen Frauen versuchten die gewachsenen Strukturen der getrennten Männer- und Frauengesellschaft aufzubrechen, indem sie in die nur von Männern besuchte Kneipe gingen. Und lehnten die Esseneinladungen portugiesischer Frauen ab, um ihnen keine Arbeit zu machen.

Und die Landarbeiter wunderten sich, dass die Deutschen sich diese langen Aufenthalte in Portugal leisten konnten. Mussten die denn nicht zu Hause Geld verdienen? Da prallten in der Tat zwei völlig verschiedene Welten aufeinander.

Der Mitteldeutsche Verlag Halle brachte eine Solidaritätsbuch heraus: „Grândola. Reportagen aus Portugal“. Ohne Gliederung und roten Faden erzählen die Texte von der Stimmung im Land. Schwarz-weiß Fotos zeigen das zerfurchte Gesicht eines Landarbeiters, die Parolen an den Wänden, die Menschen auf der Straße. Farbfotos zeigen Menschen mit Fahnen der PCP, den Blick auf slum-ähnliche Häuschen am Lissabonner Stadtrand und die rote Fahne der PCP auf der Krone einer Korkeiche in der Weite des Alentejos

Zwei Deutsche besuchten den Liedermacher José Afonso in Portugal. In ihrem Buch: „Eh, Zeca Afonso“ stellten sie den Liedermacher vor, dann folgten die Liedtexte auf portugiesisch und deutsch. Nicht nur das Lied „Grândola Vila Morena“ war während der Diktatur verboten gewesen, auch viele andere Lieder von José Afonso, wie zum Beispiel das Lied über Catarina Eufemia: eine Landarbeiterin, die wegen der Bitte um Lohnerhöhung von der GNR erschossen wurde.

Chamava-se Catarina
O Alentejo a viu nascer
Serranas viram-na em vida
Baleizão a viu morrer.

Ihr Name war Catarina,
sie wurde im Alentejo geboren,
die Frauen in den Bergen sahen sie leben,
Baleizão sah sie sterben

„Layout, Fotos, Organisation und Konfusion“ steht im Impressum des Buches „Eh, Zeca Afonso“, gefolgt von den Namen der Autoren. Das ist richtig klasse, so was würde sich doch heute keiner mehr trauen. Was für Zeiten! Wie viel Engagement, Hoffnung und Träume in diesen Büchern stecken. Schade, dass sie vergriffen sind. Aber ich hoffe trotzdem (und von mir aus auch gegen jede Vernunft), dass sie nie ganz in Vergessenheit geraten, die Bücher aus der Zeit, als wir noch Träume hatten.

Elevador de Santa Justa, Baixa Lissabon

Portugal für Träumer & Realisten

Ein 6 x 1,5 Meter großes Beet bringt 145 kg Gemüse im Jahr. Sagt John. Wer John ist? Ich werde Ihnen einen kleinen Tipp geben – er ist der Autor der Aussteiger-Selbstversorger-Traum-vom-Leben-auf-dem-Land-Bibel, die damals alle im Gepäck hatten, als sie hier in Portugal ankamen.

Wir hatten das Buch natürlich auch. Die alternative Gemeinschaft oben in den Bergen hatte es. Die ehemalige Angestellte der Oldenburger Behörde und ihr handwerklich geschickter Mann auch. Sowie hunderte von Lehrern, die sich in der Algarve oder im Alentejo niederließen. Wenn schon nicht als Rentner, dann wenigstens in den Ferien oder für ein Sabbatjahr. Wahrscheinlich hatten Sie das Buch auch. Oder haben es immer noch (genau wie ich.)

Das „große Buch vom Leben auf dem Lande“ von John Seymour.

Untertitel: Ein praktisches Handbuch für Realisten und Träumer.

Inhalt: Die Anleitung für den Traum vom Leben auf dem Lande für uns Städter-Realisten.

John erklärt darin, wie man einen Nutzgarten anlegt und Kräuter züchtet. (Ich kannte damals nur grüne Bohnen aus der Dose.) Er beschreibt und illustriert, wie man Kühe melkt und Kälbchen füttert. Und Bienen einfängt. Sogar eine Anleitung zum Schlachten ist enthalten. So weit sind allerdings die wenigsten gegangen.

Ich kannte aber jemanden, der die geschlachteten Tiere einmachte und die Gläser mit dem Namen der Kühe und Schweine beschriftete. Fritzi, Mitzi, Lisa. Was dazu führte, dass die Besucher das Essen immer mit etwas Befremden aßen. Aber das war damals das Motto: Wer Tiere isst, der muss das aushalten. Wer das nicht wollte, der konnte Vegetarier werden.

Überhaupt – die Besucher aus Deutschland!

Während unser aller Bio-Öko-Traum durch viel Arbeit, Unkraut und portugiesisches Laissez-Faire langsam verwässerte, waren die Besucher aus Deutschland über-ober-kritisch. Sie rügten Ellie, eine Mutter von zwei kleinen Kindern, die die Windeln in der mit Generator betriebenen Waschmaschine wusch. Wie konnte sie bloß! Öko-Sauerei!!

Genauso kritisch sahen sie, dass ihr Mann Jens mit dem Auto ins Dorf fuhr statt mit dem Fahrrad. Bis Jens zu einem Besucher sagte: Weißt du was, für das Benzin, dass du auf deinem Flug von Deutschland nach Portugal verfliegst, können wir viel Windeln waschen und mit dem Auto ins Dorf fahren.

Jens hatte es irgendwann auch satt, dass alle bei ihm aufs Außenklo gingen, so dass es ständig voll war. Er fand dafür eine geradezu geniale Lösung. Er stellte das Holzhäuschen-Außenklo in die Mitte der Bullenweide, und schon war das Problem gelöst. Das machte jeder genau einmal. Niemand sitzt gerne auf dem Klo, wenn draußen drei Jungbullen lauern. Waren die Bullen groß gefüttert, wurden sie verkauft. Oder eingemacht. (Im wahrsten Sinne des Wortes.) Maxim, Manu, Fritzi.

Wie gesagt – so weit gingen die wenigsten.

Aber so ein kleines Gemüsebeet von 6 x 1,5 Meter mit Salat, Paprika und Tomaten, die unter südlicher Sonne reiften, davon träumten wir alle.

Auf dem Monatsmarkt kauften wir Orangen- und Zitronenbäume. Büschel von Zwiebeln, und kleine Salat- und Kohlpflanzen, die wir unter den skeptischen Blicken und verstohlenem Grinsen der portugiesischen Nachbarn mehr oder weniger unsachgemäß anpflanzten. Im besten Fall wenigstens nach Anleitung aus Seymours Band „Gemüse anbauen“. Nur an die Hühner habe ich mich nie so recht rangetraut.

Aber jetzt sind drei Legehennen bei uns eingezogen. Lea hat sie auf dem Markt erstanden. Plus eine Tüte Hühnerfutter. Noch sind es keine Legehennen. Noch stecken wir in die Tiere vorne mehr Futter rein als hinten rauskommt. Oder ganz korrekt: Wir stecken vorne Futter rein, aber es kommt überhaupt noch kein Futter hinten raus. Aber laut Auskunft der Marktfrau soll es in wenigen Wochen soweit sein. Wir haben den Hennen noch keine Namen gegeben. Im Gespräch sind seit ein paar Tagen Grilled, Roasted und Fried. Nur als Scherz, natürlich. Obwohl – wenn die weiterhin nicht legen – dann, ja dann können wir für nichts garantieren, und mit Hilfe der 14 Illustrationen aus dem Kapitel „Geflügel“ werden sie ihrem zukünftigen Namen alle Ehre machen.

Als Anregung, Wink mit dem Zaunpfahl und letzte Warnung haben wir ihnen jetzt ein Ei ins Nest gelegt.

Zwiebeln und Knoblauch in einer Markthalle

Manchmal frage ich mich, wie viel wir hier wohl zur Erheiterung der einheimischen Bevölkerung beigetragen haben, mit unseren Städter-Landwirtschaftsversuchen. Vermutlich haben wir uns ähnlich ungeschickt angestellt wie damals beim Wäschewaschen an der Quelle. Ein Sinti-Roma-Kind (so heißt das doch heute politisch korrekt, oder?) hat meinem Mann die Wäsche aus der Hand genommen und ihm gezeigt, wie es richtig geht. Mein Mann ist nie mehr zum Wäschewaschen mitgekommen. (Und wenn ich dieses Mädel, das ja jetzt eine erwachsene Frau sein muss, irgendwann mal wiedertreffe, dann kriegt sie von mir heute noch nachträglich eine hinter die Löffel, jedenfalls verbal.)

Sendungen wie „Versteckte Kamera", „Big Brother" oder „Dschungelcamp" brauchten die portugiesische Landbevölkerung gar nicht, die hatten ja uns. Wir waren doch im Grunde die beste Doku-Soap, die die je hatten. Und falls sich jetzt jemand für die gute Unterhaltung, die wir geboten haben, bedanken möchte, dann sage ich großzügig auf gut Hamburgisch: da nich für. Das haben wir doch gerne getan. Und gelernt haben wir auch ganz viel.

Und ich kann Grilled, Roasted und Fried nur raten, dass sie jetzt das Eier legen lernen, denn sonst sehe ich mich gezwungen, doch noch das Schlachten zu lernen. Die Anleitung dazu liegt hier schon neben mir. Dank John.

Zieglers Liebling

Es war ein frischer Morgen, ja es sah fast ein bisschen nach Regen aus. Maria räumte in der Küche das Frühstücksgeschirr weg. David grub vor der kleinen Mauer an der Terrasse ein Loch für eine neue Palme und ich ging durch die Zimmer. Betten machen, Bäder putzen, Handtücher wechseln. Das Übliche eben. Zimmer für Zimmer. Ich öffnete die Tür von Zimmer fünf und da schoss doch eine Ratte an meinem Fuß vorbei.

Ich schrie auf.

David reagierte super gut. Er hob die Schaufel und schlug zu und die Ratte war tot. Ich hielt die Mülltonne auf, David nahm die Ratte am Schwanz und warf sie in den Müll. Gut, dass das keiner der Gäste gesehen hatte. Eine Ratte im Zimmer. Iiihhh. Ich ging weiter zu Zimmer sechs und David grub die Palme ein.

Am frühen Nachmittag feudelte ich das Brunnenzimmer, da sprach mich Sebastian Ziegler an. Zimmer fünf.

"Waren Sie in meinem Zimmer?", fragte er.

"Ja natürlich", sagte ich. Ist das hier ein ordentlicher Laden, oder was.

"Und haben Sie Tobias gesehen?", fragte Ziegler.

"Tobias?", sagte ich.

"Ja, mein Haustier", sagte Sebastian Ziegler. "Meine Ratte."

Ich sah Ziegler an.

"Sie haben eine Ratte als Haustier?", fragte ich.

"Tobias ist keine Ratte", sagte Ziegler. "Ich meine, das heißt, er ist natürlich eine Ratte. Aber wenn Sie ihn kennen würden, würden Sie nicht so ein Gesicht ziehen. Man kann ihn gar nicht mit einer normalen Ratte verwechseln, er ist so zutraulich, so lieb. Tobias ist das sanfteste und liebste Geschöpf, das man sich vorstellen kann. "

Jetzt dämmerte mir, was passiert war und ich sagte lieber nichts.

"Na, ich wollte nur sagen", fuhr Ziegler fort. "Wenn Sie Tobias sehen, sagen Sie mir Bescheid, gell?" Oh Mann.

Ich ging zu David. Ich erzählte ihm von Sebastian Ziegler und seinem Haustier Tobias. Ich holte eine frische Mülltüte. David machte den Müll auf und nahm die alte Tüte raus. Ich hing die neue Tüte in die Tonne und wir gingen hinters Haus. Ich machte die Tüte auf und David zog Tobias raus. Er legte ihn auf den Boden. Da war wirklich nichts mehr zu machen. Tobias war ganz eindeutig tot. Ob wir dafür irgendwie Ersatz beschaffen konnten?

Wir überlegten. Ich ging ins Büro und holte ein Lineal und David maß Tobias aus. Fünfundzwanzig Zentimeter von Schnauzenspitze bis Schwanzende. Ein gut gefüttertes Exemplar. Überhaupt ein schönes Tier, im Grunde, eigentlich, wenn man ihn jetzt so betrachtete. Ganz kleine rosa Pfötchen. Klein und zierlich und mit allen Zehen dran und alles. Eine süße Schnauze. Ein ganz weiches silbernes Fell. Dazu die kleinen schwarzen Knopfaugen. Eine wirklich gepflegte Ratte. Vermutlich ein ganz liebes Tier. Ich konnte Ziegler fast verstehen.

"Wie groß ist die Chance, dass die Tierhandlung in Grândola Ratten verkauft?", fragte David.

"Genau null", sagte ich. "Und wie groß ist die Chance, dass wir so eine Ratte hier irgendwo fangen?"

"Mindestens Null", sagte David. "Eher minus drei. Die Viecher sind schnell. Und vermutlich würde es auch gar nicht nützen. Es wäre immer noch nicht Tobias."

"Meinst du, Ziegler kann Tobias von einer anderen Ratte unterscheiden?", sagte ich zu David.

Wir sahen weiter auf die tote Ratte zu unseren Füßen.

"Weiß nicht", sagte David. "Vermutlich schon."

Jetzt hörten wir, dass Gerda uns rief. Zack, die Ratte wieder in die Tüte und die Mülltüte zu, da stand Gerda auch schon hinter uns.

"Was macht ihr denn hier?", fragte sie und schüttelte den Kopf. "Wir brauchen euch da vorne, Sebastian sucht seine Ratte."

"Seine Ratte?", echote David. Ich sagte nichts.

"Er hat eine Ratte als Haustier", sagte Gerda. "Fragt mich nicht wieso. Und nun ist diese Ratte irgendwie weg und er hat uns alle gebeten beim Suchen zu helfen."

"Tja dann wollen wir mal", sagte David. "Wie sah sie denn aus?"

Gerda sah ihn etwas merkwürdig an.

"Na, wie eine Ratte eben", sagte sie. "Und nun los."

Wir warfen einen letzten Blick auf die Mülltüte, wo Tobias in Frieden ruhte und gingen nach vorne und schlossen uns dem allgemeinen Suchtrupp an. Alle suchten nach dieser Ratte, dem Liebling von Sebastian Ziegler. Sogar Marlene Freifrau von Haukenstein. Die übrigens sehr nett war. Und für uns war sie einfach die Marlene, den Rest des Namens benutzte sie nicht. Jedenfalls nicht im Urlaub. Alle suchten das Haus und die Zimmer ab und die Beete und den Garten. Riefen Tobi Tobi Tobi und machten solche merkwürdigen Laute, die man für Babys oder Tiere benutzt. Sie wissen schon, dieses zzzziiiiizziiii-zzziiii und dudududu und putputput. Aber Tobias blieb verschwunden. Ich meine, klar blieb er verschwunden, musste er ja. Er war ja tot.

Irgendwann gaben alle die Suche auf. Ulla stellte Portwein auf den Tisch und viele kleine Gläser dazu und schenkte jedem ein Gläschen ein und jeder erzählte eine Haustiergeschichte. Wie mal eine Katze oder ein Hund weg war und wiederkam und wie süß diese Haustiere waren. Und wie clever. Mindestens so clever wie die Menschen. Fehlte nur die Sprache. Und das letzte, was ich hörte, als ich nach Hause ging, war, wie Sebastian Ziegler zu Marlene von Haukenstein sagte: Der Tobias war wirklich was ganz Besonderes. Und ich bekam ein richtig schlechtes Gewissen. Dabei konnte ich doch eigentlich gar nichts dafür. Im Grunde.

Mitten in der Nacht rief David an. Ich lag schon im Bett. Ich hatte schon geschlafen. Er riss mich so richtig aus dem Tiefschlaf. Ich hasse es, wenn man mich aus dem Tiefschlaf reißt.

"Sie reden immer noch über die Haustiere", sagte David. "Die ganze Mannschaft."

"Oh Mann", sagte ich.

"Und mir ist was klar geworden", sagte David.

"Und das ist?", sagte ich.

"Ziegler muss Tobias sehen", sagte David. "Tot oder lebendig. Nur, wenn er Tobias sieht, wird er aufhören zu suchen und Frieden finden."

Da war was dran.

"Und mir ist noch was eingefallen", sagte David. "Ich weiß, was wir machen. Wir lassen es wie einen Unfall aussehen. Wie einen Unglücksfall."

"Gut", sagte ich, "das machen wir."

"Ich weiß auch schon wo und wie", sagte David.

"Prima", sagte ich.

"Aber dazu brauchen wir die Leiche", sagte David.

"Ja klar", sagte ich.

"Und Ulla und Gerda haben den Müll schon ins Dorf gebracht", sagte David. "Deswegen rufe ich dich ja an."

"Kommt nicht in Frage", sagte ich.

"Es gibt gar keine andere Lösung", sagte David. "Oder weißt du eine andere Lösung?"

Warum immer ich? Aber gut. In diesem Fall gab es vielleicht wirklich keine andere Lösung.

Ich zog eine Jacke über meinen Schlafanzug, steckte eine Taschenlampe ein und ging los. Es war eine ziemlich dunkle Nacht. Wolken hingen vor den Sternen. Vermutlich würde es morgen doch noch regnen. Alle Fenster waren dunkel, zum Glück. Das ganze Dorf schlief schon, dem Himmel sei Dank.

Ich fing mit dem Container auf dem Marktplatz an. Dort brachten Gerda und Ulla den Müll nämlich meistens hin. Sie müssen wissen, wir haben da draußen ja keine Müllabfuhr, also sammeln wir den Müll und Gerda und Ulla bringen ihn ins Dorf.

Ich öffnete den ersten Container und leuchtete rein. Was die Leute aber auch alles wegwarfen. Alte Kleider, verwelkte Blumen, beschmierte Zeitungen. Und dazu natürlich haufenweise Tüten. Und die Tüten im Grunde alle gleich. Von außen. Vollgestopft und zugeknotet. Da half nichts. Ich öffnete die erste Tüte. Kein Tobias. Die anderen Tüten. Kein Tobias. Ich ging zum nächsten Container. Durchwühlte den Müll. Öffnete die Tüten. Kein Tobias. Ich hoffte nur, dass mich keiner hier sah. Im dritten Container wurde ich endlich fündig. Da, in einer schwarzen Tüte, lag Tobias.

Schon ein bisschen dreckig, ehrlich gesagt. Mit Kartoffelsalat und Spinnweben am Fell.

Ich zog ihn am Schwanz raus und schüttelte ein bisschen und das meiste von dem Dreck fiel ab, zum Glück. Aber wie sollte ich nach Hause kommen? Mit der Ratte lose in der Hand? Warum hatte ich denn keine Tüte mitgenommen. Zu blöde aber auch. Da klingelte das Handy wieder. David dran.

"Hast du ihn?", fragte er.

"Ja", sagte ich.

"Besser du legst ihn in den Kühlschrank", sagte David. "Wegen Geruch und so."

Da hatte er recht. Aber warum mein Kühlschrank?

Ich kam am nächsten Morgen zur Arbeit. Sebastian Ziegler saß schon am Frühstückstisch. Vor sich eine Tasse schwarzen Kaffee. Er sah schlecht aus. Ringe unter den Augen. Trauer in den Augen.

"Ich bringe Ihnen gleich Brot und Aufschnitt", sagte ich.

"Nicht nötig", sagte Ziegler. "Ich kann sowieso nichts essen. Solange der Tobias nicht da ist, kriege ich keinen Bissen runter."

"Äh …", sagte ich. "Ach wissen Sie, vielleicht taucht er ja doch noch auf."

Und ich fühlte mich echt schlecht, als ich das sagte, denn ich hatte Tobias ja bei mir, in der Tüte in meiner Hand. Ich brachte Ziegler Brot und Aufschnitt und ging dann gleich zu David.

Dann präparierten wir den Unfallort. David zog eine Schindel aus dem Dach. Hinten an der Regenrinne. Wir legten Tobias auf den Boden. Mit der Wunde nach oben. Ich drehte mich um und David ließ die Schindel drauf fallen. Es gab ein ziemlich unangenehmes Geräusch. Uaghs. Dann kontrollierten wir die Szenerie. Ja – das konnte so hinkommen. Ein neugieriger Tobias, der nach was weiß ich sucht, wonach eine Ratte so eben sucht.

Er stößt gegen das Abflussrohr der Regenrinne.

Die Regenrinne bewegt eine Schindel.

Die Schindel ist ein bisschen lose und zack – da ist es schon passiert.

Tobias erschlagen – daher die Wunde am Kopf und die Ratte tot.

Alles sehr plausibel, nicht wahr?

Einer richtigen Morduntersuchung würde das natürlich nicht standhalten. Aber das würde es ja auch nicht müssen. Es war ja schließlich keine menschliche Leiche.

Wir warteten noch ein bisschen. Bis mehrere Gäste beim Frühstück waren. Dann holten wir Ziegler. Er kam und sah sich den Unfallort an. Gerda und Ulla kamen auch und Maria kam sogar aus der Küche. Und alle starrten sie auf die tote Ratte.

"Armer Tobias", sagte Sebastian Ziegler. "Mit der Schnauze Richtung Tür, Sehen Sie, er wollte wieder nach Hause, zu mir."

Maria bekreuzigte sich und dann sah sie mich und David sehr misstrauisch an. Ich meine, wie kam sie dazu? Als ob wir was damit zu tun hätten. Ich meine, hatten wir. Aber wieso dachte sie das?

Gerda holte einen Schuhkarton und Ziegler legte seinen Tobias rein. Dann gingen alle wieder frühstücken. Und in der Tat, es hatte gewirkt und Ziegler wirkte viel zufriedener. Und dass, obwohl Tobias doch tot war.

Tja und nach einer Weile kam ein Lieferwagen den Hügel hochgefahren. Er hielt an. Ich ging hin. Der Fahrer stieg aus. Lieferung für Sebastian Ziegler. Der Fahrer hielt mir einen Block hin, zum Unterschreiben. Ich unterschrieb. Dann ging der Fahrer um den Wagen und öffnete die beiden Türen. Der ganze Lieferwagen war leer. Bis auf einen kleinen Käfig in der Mitte der Ladefläche.

Und in diesem Käfig saß eine Ratte und starrte uns aus ihren Knopfaugen an. Der Fahrer drückte mir den Käfig in die Hand. Dann machte er die Türen zu und fuhr den Hügel wieder runter.

Ich ging mit dem Käfig nach vorne. Dort saßen die Gäste beim Frühstück. Marlene von Haukenstein hatte sich zu Ziegler gesetzt.

Und alle unterhielten sich.

"Da ist ja die Lieferung", sagte Hans Obermüller erfreut. Er kam auf mich zu und nahm mir den Käfig aus der Hand.

"Mein lieber Herr Ziegler", sagte Obermüller, "ich darf mir erlauben, Ihnen diese … äh … dieses Haustier zu überreichen."

"Aber wieso", sagte Ziegler, "ich meine, wie, wieso haben Sie … "

"Ach", sagte Obermüller. "Sie waren gestern so traurig. Und ich hatte schon so das Gefühl, dass wir Tobias nie wiedersehen würden, und da habe ich mir erlaubt, etwas im Internet zu recherchieren und habe dieses Exemplar hier aufgetrieben. Ich weiß natürlich auch, dass das kein echter Ersatz für Ihren Tobias ist. Aber nun, Sie wissen schon."

"Danke", sagte Ziegler. "Das ist wirklich ganz reizend von Ihnen."

Danach war die Stimmung am Frühstückstisch noch besser und Obermüller steckte dem kleinen Nager sogar ein paar Schinkenstückchen in den Käfig.

"Was ist da draußen eigentlich los?", sagte Maria zu mir in der Küche.

"Jemand hat übers Internet eine Ersatzratte bestellt und per DHL anliefern lassen", sagte ich.

"Jesus e Maria", sagte Maria. "Jesus e Maria e todos os santos."

Dann sagte sie nichts mehr und schüttelte nur noch ein paar Mal ihren Kopf.

Irgendwie war das Ganze doch sehr gut ausgegangen. Fand ich. Bis wenig später. Da kam Ziegler und brachte mir den Käfig mit der neuen Ratte in die Küche.

"Nicht, dass ich mich nicht freue", sagte er. "Ich freue mich und es war wirklich eine ganz wunderbare Idee von Herrn Obermüller."

Dann stellte er den Käfig auf unseren Küchentisch.

"Aber es ist so", fuhr er fort. "Bei der Suchaktion gestern habe ich die Marlene besser kennengelernt. Marlene von Haukenstein.

Eine ganz fantastische Frau, übrigens. Hat Humor. Aber sie kann Haustiere nicht leiden. Jedenfalls keine Ratten. Und da ich nun die Wahl habe zwischen Marlene und der Ratte ... Und Tobias ist ja nicht mehr, da ist das ja auch was Anderes.“

Er machte eine kleine Pause und sah mich an.

“Um es kurz zu machen. Ich schenke Sie Ihnen, Sie dürfen Sie behalten. Sie sind immer so freundlich und hilfsbereit. Und Sie werden sehen, so ein Haustier macht wirklich viel Freude.”

Er steckte der Ratte ein kleines Stückchen Käse zu. Die Ratte fraß den Käse auf der Stelle. Wie ein kleiner Mini-Staubsauger.

“Ist sie nicht ganz allerliebst?”, sagte Ziegler und weg war er. Raus aus der Küche. Maria grinste. Über beide Backen.

Und ich dachte, vielleicht ist es ja wirklich wahr und kleine Sünden bestraft der liebe Gott wirklich sofort. Denn anders war das hier doch nicht zu erklären, oder.

Olhaca

Vor ein paar Wochen fand ich auf einem Flohmarkt ein Lehrbuch mit dem Titel „Deutsches Lesebuch für ältere Anfänger“, erschienen 1925. Und darin folgendes Gedicht:

Und von Kuchen, Butterwecken,
sind die Zweige voll und schwer;
Feigen wachsen in den Hecken,
Ananas im Busch umher.

Klingt doch wie ein Gedicht über die Algarve, nicht wahr. Aber es ist ein Gedicht von Hoffmann von Fallersleben über das Schlaraffenland. Und als wir vor vielen Jahren nach Portugal zogen, war das für uns das Gleiche – Portugal und das Schlaraffenland. Die Feigen wuchsen in den Hecken und auch sonst war das Land voller Wunder.

Unsere Nachbarin hieß Maria da Fátima. Ein Name, der zwei Religionen und zwei Welten verbindet. Die Jungfrau Maria und

Fátima, die Tochter des Propheten Mohammed. Ein Mittlerin-zwischen-den-Welten-Name.

Und genau das war Mifa – so wurde sie von allen genannt – für mich. Maria da Fátima ist ein langer Name, wer will den immer sagen.

Mifa vermittelte zwischen meiner deutschen Welt zu Hause und der portugiesischen Welt draußen. Sie war meine Kulturberaterin und Integrationshelferin. Sie brachte mir das Alltagsleben bei, indem sie mir den Dorfklatsch zutrug. Und am Ende der Klatschgeschichte schüttelte sie den Kopf und sagte: Olha, há cá destinos! Was soviel heißt wie: Schicksale gibt´s!

Und Schicksale gab´s bei uns im Dorf viele.

Chico, der alte Akkordeonspieler, hatte sich als Jugendlicher ein Akkordeon gewünscht, seine Eltern waren dagegen. Ohne Akkordeon wollte Chico nicht leben. Er schoss sich mit einem Gewehr in den Kopf, überlebte schwerverletzt, aber konnte nicht mehr sprechen. Die Eltern kauften ihm das Akkordeon und die Ärzte nahmen Fleisch aus seinem Gesäß und legten es an seinen Arm, um es lebendig zu halten bis zur Gesichts-OP. Aber Chico wollte keine OP. Bis zu seinem Lebensende trug er das Fleisch auf dem Arm. Und seine Sprache war von da an die Musik des Akkordeons. Olha há cá destinos.

Mifa erzählte mir die Geschichte des Dorfsäufers, der jeden Sonntag in die Kirche stürmte. Er riss die Kirchentür auf, rannte nach vorne, nahm dem Priester den Kelch aus der Hand, stürzte den Wein in einem Zug runter und rannte aus der Kirche. Niemand sagte etwas. Man wusste: Der Arme ist ein Trinker, olha há cá destinos.

Teresas Mann verbrachte seine Nächte in der Bar des Dorfes. Ein anrüchiger Laden, in dem Frauen arbeiteten, die die Männer zum Trinken animierten. Eines Abends konnte er die Zeche nicht zahlen. Der Wirt zog ihn aus bis auf die nackte Haut und warf ihn raus. Teresas Mann lief nach Hause, aber seine Frau ließ ihn nicht rein. Nach eine Nacht in der Kälte war er kuriert. Olha há cá destinos.

„Was heißt eigentlich Olhaca?“, fragte mich mein Mann eines Tages. Olhaca? Keine Ahnung.

„Doch, Mifa sagt es andauernd“, sagte er.

Olhaca ... olhaca ...

Dann fiel der Groschen: Olha há cá destinos!

Und so wurde Olhaca in unserem Haushalt zu einem geflügelten Wort.

Ja, und habt ihr keine Flügel,
Nie gelangt ihr bis ans Tor,
Denn es liegt ein breiter Hügel
Ganz von Pflaumenmus davor.

So lauten die letzten Zeilen des Gedichts. Und damit wissen wir auch, was der Unterschied zwischen der Algarve und dem Schlaraffenland ist: Vor das Schlaraffenland hat das Schicksal einen Hügel aus Pflaumenmus gelegt, vor das Leben in Portugal das Erlernen der portugiesischen Sprache. Bezeichnenderweise jedoch fängt beides mit P an.

Die Ente mit dem Schwanenhals

Weihnachten in Portugal – das bedeutet Bacalhau zum Abendessen. Weihnachten in Deutschland – da gibt es gerne Gans. Portugiesen in Deutschland haben keine Mühe ihren Bacalhau zu Weihnachten zu bekommen. Aber was machen die Deutschen in Portugal, die eine Weihnachtsgans haben möchten?

Die stehen dumm da. Denn wo treibt man in Portugal einen Gänsebraten auf? Ich weiß, wovon ich rede, ich habe es jahrelang versucht.

Versuch 1
Scheiterte, da wir Neulinge im Land waren und erst kurz vor Weihnachten entdeckten, dass es in portugiesischen Läden und bei portugiesischen Schlachtern keine Gänse gibt. Also waren wir im nächsten Jahr klüger.

Versuch 2

Ab Juni redete ich mit dem Schlachter in der Coop. Er meinte: Kein Problem, er bestellt eine Gans für uns, wir sollen nur rechtzeitig Bescheid sagen. Wir also die Gans bestellt. Im Oktober. Wird erledigt, sagte der Schlachter. Bei jedem Kauf in der Coop sicherheitshalber an der Fleischtheke vorbeigegangen. Der Schlachter jedes Mal: Alles ok, Gans bestellt.

Also ging ich am Tag vor Weihnachten in die Coop, um meine lange ersehnte Gans abzuholen. Der Schlachter packte mir eine Ente ein.

Ich sagte: „Aber ich habe doch eine Gans bestellt."

Und der Schlachter sagte: „Das ist eine Gans."

Und ich sagte: „Nein, das ist keine."

Und der Schlachter sagte: „Das ist doch im Grunde alles das Gleiche."

Und ich sagte: „Ich will eine richtige Gans."

Und der Schlachter sagte: „Ach so – Sie meinen die Ente mit dem Schwanenhals! Warum haben Sie das nicht gleich gesagt."

Also aßen wir unsere Ente ohne Schwanenhals. Und kamen auf die schlaue Idee, im nächsten Jahr die Gans direkt beim Bauern zu bestellen. Schließlich liefen diese Viecher doch überall auf den Wiesen rum. Da musste es doch möglich sein, eins davon zu bekommen.

Versuch 3

Die Gans von der grünen Wiese der Bäuerin an der Strandstraße.

War Versuch Nummer 3 erfolgreich? Ja und nein.

Als ich die Gans am 24. Dezember abholen wollte, lief sie noch munter über die grüne Wiese. Die Bäuerin fing sie ein. Schlachtete sie. Rupfte sie. Nahm sie aus. Es dauerte eine E-w-i-g-k-e-i-t. Ich bezahlte die Gans, fuhr damit nach Hause, steckte sie durch die Warterei viel zu spät in den Ofen und als wir sie gegen Mitternacht rausnahmen, war sie zäh.

Versuch 4

Im nächsten Jahr feierten wir Weihnachten zu viert. Ein Deutscher auf seiner Harley und seine Freundin aus England überwinterten bei uns. Hilfe auf dem Bau gegen Essen und Unterkunft. Was gut war, denn der Harley-Fahrer war Malermeister. Bevor er unser Gästehaus renovierte, hatte er das Atlantikhotel in Hamburg an der Alster renoviert. (Und zwar in dieser Reihenfolge, erst als Vorarbeiter einer Malertruppe das Atlantikhotel, dann mit seiner Freundin unser Gästehaus.)

Er konnte lackieren wie ein Weltmeister und erzählte uns Döntjes aus der Hamburger Harley-Szene. Von der Aufnahmeprüfung bei den Hells Angels zum Beispiel, wo man eine Flasche Schnaps trinken und von einer Autobahnbrücke auf einen fahrenden Laster springen musste. Oder die Geschichte von seinem Freund J., der lästige Diskussionen dadurch zu beenden pflegte, dass er dem Kontrahenten blitzschnell ein Ohr abschnitt, es in eine Plastiktüte steckte und sagte: Wenn du ruhig bist, bekommst du das Ohr und kannst damit ins Krankenhaus fahren, da nähen sie es dir wieder an.

(Wir hatten damals keinen Strom, also auch keinen Fernseher. Und so vertrieben wir uns die Winterabende mit Doppelkopf, der Musik von Supertramp über Autokassettenrecorder und Geschichten aus unseren Leben.)

Dieser Harley-Fahrer hörte die Geschichte unserer fehlgeschlagenen Weihnachtsganskäufe und brachte uns stolz eine Weihnachtsgans von einem Ausflug nach Lissabon mit. Ich brachte die Gans zu meiner Freundin Elsa, die in einem Dorf mit Strom wohnte und daher eine Tiefkühltruhe hatte. Elsa sah auf die Gans und sagte: Das ist ein Truthahn.

Ein Verdacht, der sich bestätigte. Die Lissabonner Weihnachtsgans war keine Ente mit Schwanenhals, sondern ein ganz normaler portugiesischer Truthahn.

Und der Lissabonner Schlachter konnte von Glück sagen, dass der Harley-Fahrer erstens nicht so drauf war wie sein Freund J.

mit dem scharfen Messer und zweitens Lissabon zu weit weg, um eben mal auf der Harley hinzufahren. Sonst hätte er zwar sein Ohr behalten, aber gehörig „einen auf die Glocke gekriegt", um es mal in des Harley-Fahrers Sprache auszudrücken.

Versuch 5
Glückte. Hatte allerdings seinen Preis.

Eine Freundin hatte bei ihrem Vater eine Gans bestellt. Er brachte sie im Fluggepäck mit. Es war eine Biogans, die anscheinend zu Lebzeiten goldene Eier gelegt hatte, und deswegen kostete die 5 Kilo Gans 126 D-Mark. Das war in den achtziger Jahren richtig viel Geld. Eine Freundin verwürzte sie mit zuviel Majoran und stach sie oft an, damit sie nicht fett schmeckte. Tat sie nicht. Sie war knochentrocken und schmeckte mehr nach Majoran als nach Gänsebraten.

Erst ein Happy-End

Und dann eines Tages, ohne jede Erwartung, einfach so, sozusagen aus blauem Himmel, lagen doch echt Gänse in der Truhe bei Lidl. Wir natürlich sofort eine gekauft. Haben sie weder mit Majoran verwürzt noch zu viel angestochen. Und dachten: Ab jetzt gibt es immer Gans. Wow.

Und dann doch keins

Das Glück hielt nur kurz. Die Gänse verschwanden genauso wie die Rollmöpse nach wenigen Wochen aus dem Sortiment.

Lösung? Tja – entweder über Weihnachten nach Deutschland fliegen (ist allerdings noch teurer als Biogans) oder es einfach doch mal mit einem der 1001 Bacalhau-Rezepte versuchen.

Zeitgleiten für Anfänger

Bestimmt haben Sie sie schon oft gesehen – die Gleitschirmflieger mit ihren bunten Schirmen, die geräuschlos über den Bergen oder dem Meer gleiten. Aber wussten Sie, dass man nicht nur durch den

Raum, sondern auch durch die Zeit gleiten kann? Und dass sich Portugal dafür ganz besonders gut eignet?

Letzte Woche habe ich mir auf dem Monatsmarkt eine Taschenuhr gekauft. Für fünf Euro. Diese Monatsmärkte in Portugal sind sowieso klasse, weil man hier einfach alles bekommt. Vom lebenden Huhn über den Trichter zum Schlachten bis zum essfertigen Brathähnchen. Außerdem Granatapfel- und Kirschbäume, die man in seinem Garten anpflanzen kann. Und Sonnenhüte und Regenschirme. Eben einfach alles, was zum Alltagsleben in Portugal dazu gehört. Also auch Uhren.

Und meine neue Uhr ist eine echt portugiesische Uhr.

Damit meine ich nicht, dass sie in Portugal hergestellt wurde, aber sie hat eine portugiesische Seele. Wieso? Weil sie langsamer geht als andere Uhren. Sie ist nicht wirklich kaputt, denn sie läuft ja. Im Schnitt geht sie eine halbe Stunde nach. Das Interessante ist: Wenn ich sie stelle, verliert sie im Laufe einiger Stunden die halbe Stunde, dann hält sie den Halb-Stunden-Abstand. Das ist der Beweis dafür, dass sie normal gehen könnte, wenn sie wollte, aber sie will anscheinend nicht.

Mit anderen Worten: Sie ist auf portugiesischer Zeit.

Denn hier nimmt man es mit der Zeit nicht so genau. Der Arzttermin ist um zehn. Da nimmt man sich besser den ganzen Vormittag frei. Oder lieber gleich den ganzen Tag. Denn wer weiß, wie lange das dauert. Das Wartezimmer ist voll. Wir sitzen und warten. Warum bestellen die uns für unsere Termine nicht „zeitgleicher", wie es so schön auf Neudeutsch heißt? Und bin ich eigentlich die Einzige, die davon genervt ist? Manchmal sieht es so aus. Die anderen sitzen und unterhalten sich. Ich sitze und bin genervt.

Ich war mal auf einem spanischen Kreuzfahrtschiff. Die Passagiere Spanier und Portugiesen. Plus ein deutsches Paar. Und ich deutsch, aber getarnt durch portugiesische Begleiterin. Es war eine chaotische Kreuzfahrt. (So chaotisch, dass die Kreuzfahrt bei Lanzarote abgebrochen wurde. Aber das ist eine andere Geschichte.) Hier geht es um den Moment, wo ich mit anhören durfte, wie sich das deutsche Paar unterhielt.

„Ich werde denen sagen“, sagte der Mann zu seiner Frau und tippte auf seine Uhr am Handgelenk, „dass ich um 6.34 Uhr angerufen habe, um mich zu beschweren und es ist immer noch nichts passiert.“

Und in diesem Moment begriff ich so richtig, was es bedeutet, deutsch zu sein. Der Mann hatte nicht morgens angerufen. Oder um halb sieben. Oder um fünf nach halb sieben. Nein – er hatte um 6.34 Uhr angerufen. Er wusste die genaue Zeit, auch jetzt noch, zwei Stunden und siebenundzwanzigeinhalb Minuten später. So ein Mann würde sich wahrscheinlich aufhängen, wenn er mit meiner Taschenuhr leben müsste.

Nehmen die Deutschen die Zeit zu ernst oder nehmen die Portugiesen sie nicht ernst genug?

„Jeder Mensch hat seine eigene Uhr“, schreibt Manu auf seiner Seite wasistzeit.de.

Auf mich trifft das allemal zu. Früher haben meine Eltern die Uhr am Sonntag eine Stunde zurückgestellt, damit sie länger schlafen konnten. Somit war ich schon als Kind auf portugiesischer Zeit. Zumindest sonntags. Jetzt habe ich meine Taschenuhr vom Markt. Aber natürlich reicht so eine Uhr nicht, um ein echter Zeitgleiter zu sein.

Zeitgleiter sind Menschen, die sich für einen kurzen Moment in einer anderen Zeit befinden. In der Vergangenheit oder in der Zukunft. Es gibt erstaunlich viele Berichte darüber. Ein Mann sieht einen funktionierenden Waschsalon, obwohl der erst Wochen später eröffnet wird. Eine Frau gleitet in einer Kapelle in die Vergangenheit. Ein Mann kauft in einem Laden, der vor Jahrhunderten existiert hat, und als er das nächste Mal in den Laden geht, ist es die Gegenwart. Unwahrscheinlich? Wer weiß. Vielleicht muss man einfach ein bisschen üben, damit einem das gelingt. Und dafür bietet sich Portugal ganz wunderbar an. Denn hier existiert sie noch, die alte Zeit.

Und so geht Zeitgleiten für Anfänger: Fahren Sie nach Aljezur. Stellen Sie sich auf den Parkplatz und warten. Nach einer Weile wird er auftauchen, der Bauer mit dem Muli. Das Muli zieht einen Holzkarren. Der Bauer parkt ihn neben den Wohnmobilen. Dann steigt er im Zeitlupen-Tempo vom Wagen. Spannt das Muli aus. Führt das Muli unten an den Rand des Feldes. Kommt wieder nach oben. Zieht sich in aller Ruhe seine Schuhe aus und Gummistiefel an. Dann spannt er sein Muli vor den Pflug (oder ist es eine Egge?.) Vier Holzbalken, die er wahrscheinlich zusammengebastelt hat. Vielleicht an langen Winterabenden. Womöglich hat er sie aber auch von seinen Vorfahren geerbt. Er macht es seelenruhig. Alles in Zeitlupe. Ich wette, für diesen Mann wäre selbst meine Markt-Taschenuhr zu schnell.

Wir ziehen unsere Kameras und fotografieren mit diesem Objekt der Gegenwart ein Bild der Vergangenheit. Ich gehe jede Wette ein: Eine Zeitangabe wie 6 Uhr 34 Minuten kommt im Leben dieses Mannes nicht vor. Und wenn alle Uhren der Welt stehenbleiben, dieser Bauer wird mit seinem Muli im gleichen Tempo weiterpflügen, so, wie es das Feld erfordert.

Sie könnten auch in einem alten Dorf in eine Gasse rechts oder links einbiegen.

Oder in eine Tasca mit einem Fliegenvorhang aus bunten Plastikstreifen und einer brüchigen Marmortheke gehen.

Oder ... Beispiele für die alte Zeit gibt es in Portugal viele.

Es ist zwar kein echtes Zeitgleiten. Aber es ist genauso interessant.

Portugal mit allen 12 Sinnen

Wie jetzt 12 Sinne? Zwölf? In der Tat sind sich die Wissenschaftler nicht einig, ob wir 5, 7 oder 21 Sinne haben. Erfassen wir Portugal also mal mit 12 Sinnen. (Wer will, kann das Land natürlich gerne mit allen 21 Sinnen erfassen, da spricht ja nichts dagegen.)

Sehen
Was man in Portugal sehen kann? Soooo viiiiel, dass es sinnlos ist, Tipps zu geben. Also einfach Augen auf und umgucken: weiße Häuser im Süden, schwarze Häuser aus Schiefer im Norden, graue Häuser aus Granit im Zentrum. Das Weiß des Schnees oben in der Serra da Estrela, das Grün der Wälder im Gerês, das Gelb der weiten Felder im Alentejo. Das Blau des Himmels.

Hören
Und jetzt die Augen zu und nur hören. Wie hört sich Portugal an? Das Schreien der Möwen am Wasser. Das Hupen der Autos in der Stadt. Das Klappern der Kaffeetassen in den Cafés. Der „Valsa“ eines Akkordeons auf einem sommerlichen Dorfball.

Riechen
Der Geruch von gegrillten Sardinen, der Duft von Eukalyptus (ja, er zerstört den Boden, aber der Geruch!), der salzige Duft des Meeres. Der süße Duft von reifen Melonen in der Markthalle. Der schwere Duft von Jasmin.

Schmecken
Der Geschmack von Mandelkuchen in Alcobaça. Von frisch gebrühtem Café, Arroz der Marisco, und Farturas, dem Schmalzgebäck auf den Märkten.

Tasten
Fühlen Sie mal: der raue Granit eines Hauses in den Beiras; der körnige Sand unter den Füßen bei einem Strandspaziergang, das salzige Meerwassers auf der Haut; die Hände im Wind.
Der 6. Sinn – das Außer-Über-Anderssinnliche
Das ist Maria oben in den Bergen, die Bänderrisse mit Beten und Ritualen heilt. Die Frau, die „o mau olhado“, den bösen Blick, abwenden kann. Der Laden, der Gliedmaßen aus Wachs verkauft. Das sind all die Gelübde von Alfons dem Eroberer bis zu den

Gläubigern, die Cavacas vom Dach der Kapelle S. Gonçalinhos werfen. Und das Wunder von Fátima.

Der 7. Sinn

Der siebte Sinn ist, wie jeder weiß, der im letzten Drittel des 20. Jahrhunderts in Deutschland ferngesehen hat, der Verkehrssicherheit gewidmet. Wie fühlt sich der 7. Sinn in Portugal an? Nach schnellem Start bei grüner Ampel, blockieren der Kreuzungen und illegalem Parken.

Gefühle

Oh ja – es gibt Wissenschaftler, die auch das für einen Sinn halten. Und warum nicht. Dieser Sinn fühlt sich in Portugal nach Saudade an, nach Fado in alten Tascas, nach melancholischen Filmen. Und nach Hilfsbereitschaft und Mitgefühl.

Thermorezeption

Für den Sinn der Temperaturempfindung hat Portugal einiges zu bieten. Glühendheiß im Sommer, feuchtkalt im Winter. Die Temperaturen schwanken von minus 10 bis plus 50. Eine Herausforderung für die Thermorezeptoren. Ganz besonders im Winter vor einem Kamin in einem Haus im Alentejo: vorne heiß und hinten kalt. Das trainiert die Sinne.

Nociception

Das lassen wir lieber weg. Sinn für Schmerzempfindung. Ab damit ins Krankenhaus. Wenn Schmerz, dann Seelenschmerz, also Saudade, und damit der Sinn für Gefühle (s.o..)

Propriozeption

Das Gefühl für Eigenwahrnehmung, das Wahrnehmen des eigenen Körpers im Sinne von zu wissen, wo sich der eigene Fuß befindet, ohne es durch den ersten Sinn Sehen wahrzunehmen. Wie das bei den Portugiesen ist? Ja, woher soll ich das wissen. Ich stecke nicht in Portugiesen drin.

Zeit
Das ist der einzige Sinn, für den die Wissenschaftler keine Rezeptionsmechanismen beim Menschen nachweisen können. Wahrscheinlich gibt es keine. Jeder, der in Portugal lebt, kann das bestätigen. Der Verdacht, dass beim Menschen kein Zeit-Sinn existiert, liegt in diesem Land besonders nah.

Madeiras Steilküste